Bon! Bon!

Charlotte Birnbaum

Bon!

Vom Zauber

Bon!

süßer Speisen

Bilder von
Christa Näher

Verlag der Buchhandlung
Walther König

Und hier wohnt Josty! –
Ihr Götter des Olymp, wie würde ich euch euer Ambrosia verleiden, wenn ich die Süßigkeiten beschriebe, die dort aufgeschichtet stehen. Oh, kenntet ihr den Inhalt dieser Baisers! Oh, Aphrodite, wärest du solchem Schaum entstiegen, du wärest noch viel süßer!

(Heinrich Heine)

Zu den schönsten und beglückendsten Schöpfungen des menschlichen Genies gehören die Erzeugnisse der Patisserie. Beliebtere Wallfahrtsorte als die europäischen Tempel des Zuckers, etwa Demel in Wien oder das einst legendäre Berliner Cafe Josty, hat es kaum gegeben. Und was ist erfreulicher als das perfekte Stück Kuchen am Nachmittag?

Zucker war in früheren Zeiten sehr teuer, und nur Fürstenhöfe konnten sich den Reichtum von Süßigkeiten leisten. Mit Honig, Datteln und anderen Früchten versüßten sich die Menschen seit eh und je ihr Leben, aber das neue Weiße Gold, das die Beglückten, die es zum ersten Mal kosteten, an die Freuden des Paradieses zu erinnern schien, eröffnete ihnen neue Welten.

Marie-Antoine Carême – Koch der Könige und König der Köche – meinte zu Recht, es gebe fünf schöne Künste: die Malerei, die Bildhauerei, die Dichtkunst, die Musik und die Architektur, deren Hauptzweig die Zuckerbäckerei sei.

In der Tat hat man fast nie so deutlich das schöne Gefühl, etwas gebaut zu haben, wie beim Backen einer Torte. Mit der Tatsache, dass ich nie Architektin werde, kann ich also gut leben. Denn mit Zucker lässt sich – ganz anders als etwa mit Honig – wirklich etwas gestalten, und Kuchen, süße Pasteten, Tartes, Soufflées, Baisers, Petits Fours und Marzipankreationen sind damit ebenfalls ein Ausdruck architektonischer Kreativität.

Die von den Konditoren des 17. Jahrhunderts gestaltete Tafelzier bildete den Höhepunkt der berühmten Schauessen des Barock und Rokoko. Dabei waren der Schöpferkraft des Hofkonditors kaum pekuniäre Grenzen gesetzt, ja, es wurde oft wohl gewünscht, dass der verschwenderische Lebensstil und die ganze Pracht des fürstlichen Lebens in den aus Zucker gebauten Kunstwerken sichtbar würden. Diese luxuriösen süßen Kunstwerke stellten nicht selten politische und religiöse Allegorien dar, welche die Macht des Fürsten legitimierten. Sie waren optimale Statussymbole, und so entwickelte sich der Konditor zu einem mit hohem Status ausgestatteten Künstler und Meister einer neuen Tafelkultur. Beispielsweise verdiente der oberste Zuckerbäcker am österreichischen Kaiserhof Ende des 18. Jahrhunderts drei Mal so viel wie der Chefkoch des Hofes, der bestimmt auch kein armer Kerl war.

Es gibt niemals ein Dokument der Kultur, ohne zugleich ein solches der Barbarei zu sein, sagt Walter Benjamin, und nirgends wird das deutlicher als in der grausamen Geschichte des Zuckers. Blutiger geht es kaum, und die Verfeinerung der frühen Zuckerbäckerei in Städten wie Venedig, Wien oder Paris steht in extremem Gegensatz zu den furchtbaren Bedingungen, unter denen die weißen Kristalle produziert wurden. Harmlos ist die europäische Torte nicht.

Überhaupt ist die Geschichte des Zuckers voller Widersprüche: Das Prestige, das er einst genoss, kontrastiert mit der Abneigung, die ihm heute entgegenschlägt. In falschen Mengen ist Zucker bestimmt nicht gut für uns, aber die derzeit populären Ersatzstoffe betrachte ich mit noch größerer Skepsis. Insofern ist dieses Buch eine Würdigung des Zuckers und der Großtaten der Köche, Konditoren und Zuckerbäcker, die ihn zu ess- und trinkbarer Kunst zu verfeinern wussten und wissen. Doch die Welt des Zuckers ist eine besonders flüchtige: Die meisten Leistungen kunstfertiger Patisserien sind vergessen, weil sie sogleich verspeist wurden. Und was die berühmtesten Süßspeisen betrifft, streitet man sich fast immer um den Ursprung. Dies gilt nicht nur für die Sachertorte, die hier keine Erwähnung findet, da die Welt der Schokolade schon von anderen Autoren ausgiebig erforscht worden ist.

Der Glanz war wohl nie größer als bei dem von Papst Clemens IX. im Jahr 1668 veranstalteten römischen Empfang zu Ehren Königin Christinas von Schweden. Die monumentalen mythologischen Zuckerwerke, die damals den prunkenden Tisch des Banketts schmückten, stammten vom größten Künstler der Epoche: Gian Lorenzo Bernini. Heute ist die Kunst des Schauessens, die im 17. Jahrhundert ihren Höhepunkt erreichte, vollkommen in Vergessenheit geraten. Aber streng genommen trägt jede Torte, egal wie einfach, die stolze Tradition weiter.

Meine eigenen Versuche im Land des Süßen bewegen sich auf einem bescheideneren Niveau, und meine Rezepte von Limonaden, Marmeladen, Gelees und anderen Köstlichkeiten, um den Alltag zu versüßen, sind ganz einfach zu realisieren. Aber egal wie schlicht: Jeder gedeckte Tisch ist auch eine Ausstellung, die man gerne mit anderen teilt. Und nie wird das deutlicher, als wenn Süßspeien im Spiel sind. Die Feinbäckerei, erklärt der große Konditor Gaston Lenôtre, mache man nicht, um die Leute zu ernähren, sondern um ihnen anzubieten, das Süße miteinander zu teilen.

Der französische König Heinrich IV.,
ein großer Liebhaber des Zuckers, ließ zu seiner
Hochzeit 1572 großzügig Süßigkeiten anbieten.
Die Kinder riefen: «Bon!» Und da aus der Küche ständig
mehr Herrlichkeiten kamen, steigerten sie sich,
außer sich vor Freude: «Bon! Bon!»

Am Anfang war der Honig

Jahrtausendelang spielte Honig die Hauptrolle der süßen Versuchung, teuer und exklusiv wie später der Rohrzucker. Im antiken Griechenland standen die Bienen in hohem Ansehen. Sie wurden als die «Vögel der Musen» bezeichnet und galten als Boten der Götter, und sogar der griechische Göttervater Zeus trug den Beinamen «Bienenkönig». Honig galt als Quelle der Weisheit, Beredsamkeit und Dichtkunst und war dazu das Universalheilmittel par excellence. Die weniger Begüterten zuckerten mit dem Saft von süßen Früchten mit hohem Zuckergehalt wie Feigen, Trauben oder – am liebsten – den sehr süßen Datteln.

Ein leicht verkaterter Römer in Griechenland erzählt von seiner ersten Begegnung mit diesem Kopfweh erzeugenden Obst. Er schreibt, dass die Datteln «überraschend fein und groß waren, in der Farbe von Bernstein. Manche davon trocknete man und aß sie als Nachtisch: sie waren gut zum Wein zu essen, führten aber zu Kopfweh.»

Trotz dieser «Nebenwirkung» war es vielleicht sicherer, bei Datteln zu bleiben, da nicht jeder Honig essbar ist! Wir wissen: wenn die Bienen zu giftigen Pflanzen fliegen wie Azaleen oder Rhododendron, wird der Honig auch giftig. Eine Tatsache, die damals auch nicht unbekannt war. Als der römische Feldherr Pompeius durch Kleinasien zog, entdeckten er und seine ausgehungerten Soldaten zu ihrer großen Freude wilde Bienenstöcke, und alle ließen sich die goldene Götterspeise gut schmecken. Schon nach kurzer Zeit spürten sie die Folgen ihres unvorsichtigen Genusses: schlimme Bauchschmerzen, Kopfweh und zudem Delirium. In diesem elendigen Zustand wurden sie von den wilden Kriegern des Heptakometes angegriffen, die einen leichten Sieg davontrugen. Jene hatten den vergifteten Honig sehr strategisch auf dem Marschweg von Pompeius und seinem Heer zurückgelassen. Eine ungewöhnliche, aber sehr effektive Kriegsführung!

Schon im antiken Rom gab es Süßbäckereien. Der Dichter Martial schrieb in einem seiner Epigramme über den Süßbäcker, den Pistor dulciarius: «Tausend süße Figuren seiner Arbeit türmt diese Hand für dich auf. Für ihn allein arbeitet die sparsame Biene.»

Die Süßigkeiten des Pistor dulciarius waren nicht ungewöhnlich auf den Festtafeln der Reichen, aber sie waren in erster Linie als Opfer für die Götter gedacht. Dies wurde nicht von allen respektiert. Wir lesen von dem unmoralischen Schlemmer-Kaiser Vitellius, dessen Appetit keine Grenzen kannte. Wenn er nicht Lebern von Papageienfischen, Hirne von Fasanen oder Milch von Muränen – alles mit einer Prise Brechmittel gewürzt – zu sich nahm, hatte er die Gewohnheit, die Opferkuchen direkt vom Altar zu schnappen und sie gierig und hemmungslos hinunterzuschlingen. Wie schmeckten diese von Vitellius so begehrten Kuchen? Wahrscheinlich etwa so:

Vitellius libum

120 g Mehl *225 g Ricottakäse* *1 Ei* *Lorbeerblätter* *150 g Honig* *Ofentemperatur 200° C*	Mehl, Käse und das Ei gut vermengen. Zu 4 Teigstücken formen und auf Lorbeerblätter setzen. Die Kuchen backen, bis sie goldbraun sind. Den Honig vorsichtig erwärmen und die Kuchen direkt aus dem Ofen in den Honig eintauchen!

Gefüllte Datteln à la Apicius

Datteln
Pinienkerne
Mandelstifte
Honig
Salz

Entkernte Datteln mit Pinienkernen und Mandelstiften füllen, in Salz wenden und in der Bratpfanne in heißem, aufgekochtem Honig kurz braten. Heiß servieren, da die Honigmasse beim Erkalten schnell klebrig wird.

Honigcreme

Lecker, einfach und raffiniert.

200 g von Ihrem Lieblingshonig
4 Eier

Die Eier trennen. Die Eigelbe mit Honig vermischen und im Wasserbad cremig aufschlagen, danach im Eisbad kalt rühren. Die Eiweiße zu Eischnee schlagen und mit der Eigelb-Honig-Mischung verrühren. Kaltstellen und vor dem Servieren noch mal aufschlagen. Mit kandierten Rosenblättern (Seite 80) garnieren.

Marzipan

Marzipan

Das Confect verschafft samt edlen Safft,
gute Stärck und Krafft.

(Johann Christoph Thieme, Haus-, Feld-, Arzney-, Koch-, Kunst- und Wunderbuch, 1694)

Im Mittelalter und in der Renaissance war Marzipan eine besonders teure Delikatesse, und diese lukullische Großtat konnte man damals nur in Apotheken kaufen.

Bei Thomas Mann ist zu lesen: «Sieht man sich diese Süßigkeit genauer an, diese Mischung aus Mandeln und Rosenwasser und Zucker, so drängt sich die Vermutung auf, daß da der Orient im Spiel ist, daß man ein Haremskonfekt vor sich hat und daß wahrscheinlich das Rezept zu dieser üppigen Magenbelastung über Venedig nach Lübeck zu irgendeinem alten Herrn Niederegger gekommen ist.» Natürlich hat Thomas Mann recht. Marzipan, die deutscheste und weihnachtlichste aller Leckereien, hat eine fast märchenhafte Geschichte, die weit weg vom Lübeck der Buddenbrooks führt.

Die Idee, aus Mandeln, Zucker und Rosenöl ein wohlschmeckendes Konfekt herzustellen, stammt wahrscheinlich aus Persien, wie so viele andere schöne Dinge: Schach, Polo, Weintrinken und Rauchen, um nur einige zu nennen.

Dort gab es den Brauch, mit süßen Speisen als Epilog eine elegante Mahlzeit zu beenden. Dort wuchsen Mandeln, dort gab es Rosenwasser, dorthin wurde Zucker aus

Indien eingeführt, also alles, was man braucht, um Marzipan herzustellen: Ein Drittel hiervon, zwei Drittel davon, geschält, gerieben, gemischt, geröstet, geformt – fertig war das «Haremskonfekt». Und damit versüßten sich leckermäulige Kalifen schon vor tausend und mehr Jahren tausendundeine Nacht.

Schon damals wurde das Gemisch aus Zucker und Mandeln auch als vielfältiges Heilmittel angesehen. Der persische Arzt Rhazes (ca. 860–923) schreibt in seinem Buch über das delikate Nahrungsmittel: «So man sie aber geschält mit weißem Zucker genießt, vermehren sie das Rückenmark und das Gehirn und machen den Körper fett.»

Von den Konfektschatullen, welche die persischen Fürsten, die *Mathaban*, ihren Getreuen überreichten, leitet sich auch das Wort *Mazaban* her. In diesen oft schön verzierten Schächtelchen landeten die exotischen Süßigkeiten zum ersten Mal schon mit den Kreuzrittern im Hafen von Venedig.

Die persischen Schriften wurden in europäischen Klöstern übersetzt, die verschiedenen Rezepte nachgekocht und genossen. Die Mönche und Nonnen schätzten es sicher, dass sie jederzeit die sehr teure Mandelspeise naschen konnten, und freuten sich über Thomas von Aquins Worte: «Solche verzuckerten Gewürze brechen das Fasten nicht.» Und gewiss war es auch eine Art Trost, wenn in den langen und zahlreichen Fastenzeiten ein Stück kunstvoll bemalten Marzipans – in Form eines saftigen Rehbraten oder eines schön gegrillten Spanferkels – auf dem Mittagstisch erschien. Diese merkwürdigen Verwandlungen waren damals beliebt und gehörten auf jede festliche Tafel – als überraschende sogenannte *Vexiergerichte*.

«Denn wer den Marcepan wol machen kann, der kann wol allerley Sachen machen, so der Mensch erdencken kann», wie es der große Koch Max Rumpolt so treffend ausdrückte. Rumpolts Marzipanrepertoire war riesig: Pomeranzen, Schnecken, Lerchen, Knackwüste, Schildkröten, Kapaunen, Karpfen, Lämmerfüße oder sogar Kalbsköpfe und grüner Salat aus Zucker. Die kleinen Schweine, Äpfel und Kartoffeln, die wir auf dem Weihnachtsmarkt kaufen können, sind Überbleibsel aus dieser Zeit.

Marzipankartoffeln

Sie können natürlich auch fertiges Marzipan kaufen und es mit Puderzucker zu einer geschmeidigen Masse kneten. Aber dies hier schmeckt besser!

250 g Mandeln
250 g Puderzucker
2 TL Rosenwasser
2 TL Rum
oder Amaretto
Kakaopulver

Die Mandeln häuten und mahlen. Puderzucker sieben und mit den Mandeln, Rosenwasser und Rum gut verkneten. Das Marzipan jetzt mindestens eine Stunde im Kühlschrank ruhen lassen. Dann kleine Kartoffeln formen und zusammen mit 1 TL Kakaopulver in einer Plastiktüte vorsichtig schwenken – vielleicht brauchen Sie noch ein bisschen Kakao. Fertig!

Geschminkte Marzipanfrüchte

Nach Urgroßmutter Julia Jackobina!

500 g Mandeln
500 g Puderzucker und ein wenig zum Ausbacken.
3 EL Rosenwasser
2 EL Bittermandelöl
Lebensmittelfarbe nach Belieben
Gewürznelken
Pistazienkerne
Schülerpinsel

Die Mandeln häuten und mahlen. Puderzucker sieben und mit den Mandeln, dem Rosenwasser und Bittermandelöl gut verkneten. Zu einer Kugel formen und 1 Stunde im Kühlschrank ruhen lassen. Jetzt Stücke abbrechen und daraus die gewünschten kleinen Früchte formen. Die Früchte auf Pergamentpapier legen und über Nacht an einem kühlen Ort trocknen lassen. Als Stiel und Blüten Gewürznelken ins Marzipan stecken. Für die Orangen nutzt man Pistazienkerne als Blüte. In die Zitronen, die Orangen und die Erdbeeren kleine Poren, am besten mit einem Holzstäbchen, eindrücken. Jetzt die Lebensmittelfarben mischen und die Früchte schön bemalen. Viel Spaß!

In den mittelalterlichen Rezeptbüchern wird Marzipan meistens als Stärkungsmittel oder Kraftbrot angesehen, aber dieser Effekt war manchmal sogar zu intensiv. Wir lesen von einem Apotheker, der die Liebesmedizin in Gestalt eines flammenden Herzens mit einem kräftigen Pfeil durchbohrt und mit der Aufschrift versehen hat: «Mein Leib und Treu wird täglich neu». Um die Wirkung nicht allzu intensiv zu machen, mischte er eine Prise des sehr giftigen Bleizuckers unter das Marzipan, das «so den hitzigen Nieren der Damen zur Kühlung dienen solle»!

Marzipan war auch das perfekte Material für kunstvolle Schaustücke auf den Tischen der Reichen und Mächtigen, einfach zu formen, zu vergolden und zu bemalen: Mit echtem Blattgold, dem Blau von der Kornblume, Rot von Sandelholz und Gelb von feinstem Safran.

Der enorme Preis für diese essbaren Skulpturen verlieh den süßen Dekorationen natürlich ein extra Flair. Auf den glanzvollen Tafeln der Renaissance und des Barock durften sie deshalb nie fehlen. Nicht nur der Geschmack, auch das Auge wurde verwöhnt und verführt. So hat die Universität Oxford zum Empfang eines Gesandten keine Mühe gescheut, denn auf der festlichen Renaissance-Tafel konnte man Folgendes bewundern: «den Zorn des Achilles, die ganze Belagerung Trojas, Aeneas und Dido, wie das Gewitter sie in die Höhle nötigt, in Marzipan.»

In Zeiten des Trauerns war das sogenannte «Trauer-Marzipan» beliebt. Der holsteinische Graf und Marzipanliebhaber Detlev von Rantzau-Breitenburg ließ aus gegebenem Anlass diese edle Ware aus Hamburg kommen.

Hergestellt wurde ein riesiges Oval mit vier Zuckerpyramiden, und in der Mitte eine Nachbildung des gräflichen Sargs mit den Kindern in feinstem Marzipan. Die verzückten Trauergäste ließen sich das lebensgroße Abbild seiner toten Frau, in der gleichen Süßigkeit geformt, bei den großen Trauerfeierlichkeiten natürlich gut schmecken. Diese Art von verstecktem Kannibalismus war in der Barockzeit nichts Ungewöhnliches.

Wenn wir über Marzipan und Trauer sprechen, kommen wir an der Geschichte der Frankfurter Bethmännchen nicht vorbei. Der Erfinder dieses Gebäcks war der Franzose Jean Jacques Gautenier, der als Küchenchef bei dem Frankfurter Bankier Moritz von Bethmann arbeitete. Der Bankier hatte eine große Vorliebe für Mandeln, und er liebte seine vier Söhne, Moritz, Karl, Alexander und Heinrich, sehr. Jean Jacques wollte zu Ehren seines Hausherrn und dessen Familie etwas besonders Schönes zubereiten. So entstand im Jahr 1838 zum ersten Mal das leckere Mandelgebäck, mit vier Mandelhälften verziert, eine für jeden Sohn. Als der jüngste Sohn Heinrich ein paar Jahre später starb, wurden die «Bethmännchen» nur noch mit drei Mandeln geschmückt und so ist es bis zum heutigen Tag geblieben.

Bethmännchen

200 g Marzipan
80 g Puderzucker
80 g gemahlene Mandeln
2 EL Mehl
1 Eiweiß
einige EL Rosenwasser

40 halbierte abgezogene Mandeln
1 Eigelb
4 EL Milch

Das Marzipan grob hacken und den Puderzucker sieben. Das Ei trennen. Marzipan, gemahlene Mandeln, Mehl, Puderzucker Eiweiß und Rosenwasser gut verkneten. Kleine Kugeln formen und auf ein mit Backpapier ausgelegtes Blech legen. Je 3 Mandelhälften an ein Bethmännchen vorsichtig andrücken. Eigelb mit Milch verquirlen und die Bethmännchen damit bestreichen. Im Backofen 15–20 Minuten backen. Köstlich!

Nostradamus: Süßmaul und Prophet

Michel de Nostredame, auch Nostradamus genannt, wurde 1503 in einer kleinen Stadt in der Provence geboren. Dieser außergewöhnliche Mann war Apotheker, Arzt, Astrologe, Alchimist, Philosoph und dazu zweifellos einer der prominentesten Propheten aller Zeiten. Dass er auch ein Buch mit Zuckerrezepten und Schönheitstipps geschrieben hat, überrascht vielleicht, ist aber wahr und zwar:

Zwei Bücher / in denen ein wahrhaftiger / gründlicher / und vollkommener Bericht geben wird / wie man vor allem einen verunstalteten Leib / bei Weibs- und Mannspersonen äußerlich zieren / schön / und Junggehschaffen machen kann / und allerlei wohlriechende / köstliche / kräftige Wasser / Pulver / Öle / Seifen / Räucherkerzen / Moschuskugeln / gegen mancherlei Gebrechen dienlich / passend zubereitet. Und wie man in der Folge allerlei Früchte auf das kunstvollste / und lieblichste / in Zucker einmachen / und für den Notfall aufbewahren soll.

Man findet nicht viele Spuren von Astrologie oder apokalyptischen Prophezeiungen in dem schmalen Band. Hier lernen wir Nostradamus als Arzt und Apotheker, und dadurch auch als Konditor, kennen. Der Beruf des Zuckerbäckers war anfangs mit dem des Apothekers sehr eng verbunden, da nur dieser mit den exotischen Kostbarkeiten Handel treiben durfte.

Denn was erwarteten die Menschen von einem Arzt im 16. Jahrhundert? Wahrscheinlich das gleiche wie heute, an erster Stelle also: Wohlbefinden und Befreiung von Schmerzen, aber auch, wenn möglich, ewige Jugend, Vitalität bis zum Lebensherbst, Schönheit und Liebeskraft. Für all diese Träume hat Nostradamus das kleine Büchlein geschrieben.

Im ersten Teil können wir über Schönheitsmittel sowohl für Damen als auch für Herren lesen, zum Beispiel eine Creme, «mit der man das Angesicht schön und weiß macht und den Menschen lange Zeit Junggehschaffen erhält,» oder «Wie man eine Seife macht, welche den Bart schwarz färbt.»

Im zweiten Teil flossen aus Nostradamus' Feder zauberhafte Rezepte von wohltuenden Konfitüren, «trockenen Konfitüren», wie er die kandierten Früchte nannte, und Gelees. In nicht weniger als sieben von 30 Rezepten finden wir Quitten, ein damals sehr hoch gelobtes Heilmittel. Hier ein Quittenbrot frei nach Nostradamus:

Quittenbrot mit Sternanis und Zimt

1 kg Apfel- oder Birnenquitten
600–700 g Zucker und Zucker zum Wälzen
2 Sternanise
1 Zimtstange

Die Quitten gut waschen, von Blüten und Stielansätzen befreien, in Viertel schneiden (nicht schälen!) und in wenig Wasser butterweich kochen. Durch ein feines Sieb streichen. Die Masse wiegen, in einen Topf mit der gleichen Menge Zucker geben und unter ständigem Rühren bei schwacher Hitze zu einem dicken Brei einkochen lassen. Sternanis und Zimt entfernen. Das Püree in eine flache, mit kaltem Wasser ausgespülte Form geben und glatt streichen. Mit Pergamentpapier bedecken und 3–4 Tage an einem warmen Ort trocknen lassen. Währenddessen einmal wenden. Jetzt mit Förmchen oder mit der Hand schöne Motive ausstechen, in Zucker wälzen, und zwischen Pergamentpapier in einer Dose aufbewahren.

Bei einigen Rezepten, wie den «in Zucker eingelegten Ochsenzungenwurzeln», scheint nicht der Geschmack, sondern die Wirkung das Wichtigste zu sein – aber was für eine Wirkung!

«Sie stärken das Herz / bewahrt den Menschen von der Schwind- / Wassersucht / macht ihn lustig und fröhlich / vertreibt allerlei Schwermut / macht die Leute Junggehschaffen / verhindert, dass sie altern / macht ein wohl gefärbtes Angesicht / erhält den Menschen bei gesundem Leib / und hindert die Choleriker daran, Lärm zu machen.»

Her damit! Laut Nostradamus kommt der Weltuntergang im Jahr 2012, also lasst uns das Leben jetzt genießen! Lasst uns verhindern, dass die Choleriker Lärm machen! Lasst uns unsere Bärte färben und die Herrlichkeit des Zuckers genießen!

2010
Le Liberte

Der Orient

Süß gegessen, süß gesprochen.

(Persisches Sprichwort)

Die Wiege der Zuckerbäckerei stand im Orient. Im Haushaltsbuch des Kalifen Al-Aziz (975–996) lesen wir unter dem Titel «Süßbäckerei» folgende Posten: 350 kg Mandeln, 250 kg geschälte Pistazien, 22 l Rosenwasser und 250 kg Honig. Diese Mengen verraten mit aller Deutlichkeit, wie sehr der hohe Herrscher Süßes zu schätzen wusste. Der Kalif Al-Zahir verbrauchte, trotz Pest und Elend in seinem Land, über 73.000 kg Zucker für seine mehr als 160 Zuckerskulpturen und Palastmodelle, aber zum Abschluss des Ramadan lud er seine hungrige Bevölkerung zu einem einmaligen Fest des Zuckers ein.

Man sah – und sieht immer noch – das Süße als die Quelle der Fruchtbarkeit und Liebe, der Läuterung, des Wohlstands und des Glücks an, und immer noch feiern die Muslime das Fest des Fastenbrechens mit Süßigkeiten aller Art.

Dem Islam gilt Honig und Zucker in gewisser Weise als Ersatz für den vom Propheten Mohammed verbotenen Alkohol. So überrascht es nicht, dass auch der Karamell als arabische Erfindung gilt, der allerdings der französischen Historikerin Toussaint-Samat zufolge, zunächst von Haremsdamen zur Entfernung unerwünschter Haare verwendet wurde.

Nicht nur die Körperpflege, sondern auch die Zahnpflege waren im Gegensatz zu den katastrophalen europäischen Zuständen sehr weit entwickelt und zudem eine religiöse Pflicht. Der Prophet Mohammed verließ nie das Haus ohne sein Miswak, eine Art Urzahnbürste aus dem Holz des Arakbaumes. Sogar auf dem Totenbett hat er sie fleißig benutzt, weil er wusste, dass ein Gebet aus einem reinen Mund mehr wert sei als 75 Gebete aus einem unreinen.

Schon im 18. Jahrhundert schwärmten Reisende aus Europa von den köstlichen Süßspeisen der türkischen Küche, die geheimnisvolle und sehr sinnliche Namen tragen wie «Brautfinger», «Nachtigallennest», «Gazellenhörnchen» oder «Frauennabel». Und von den romantischen Beschreibungen der Speisen, wie die folgende:

Shol-e-Sard

«Sie blendet die Augen des Betrachters mit ihrem Leuchten und zeigt ihm das Licht des Vollmonds schon, bevor der Abend beginnt.» Man glaubt vielleicht, dass das begehrte Objekt eine wunderschöne Frau sei, aber was hier so hochgelobt wird, ist ziemlich überraschenderweise ein einfacher, jedoch sehr leckerer Reispudding. Vielleicht so etwas:

300 g Langkornreis
2,5 l Wasser
etwas Safran
etwas gemahlenes Kardamom
5 EL Rosenwasser
220 g Zucker
150 g Butter
gehackte Pistazien und/oder Mandeln zum Garnieren

Den Reis in Wasser einweichen und 1 Stunde quellen lassen. Abgießen und die Körner mit einem Stößel oder ähnlichem ein wenig zerstampfen. Mit 2 ½ Litern Wasser aufsetzen und zum Kochen bringen, ca. 1 Stunde sanft kochen lassen, dabei öfter umrühren. Safranfäden mit etwas Zucker in einem Mörser fein zerreiben, anschließend mit 2 EL heißem Wasser auflösen. Safran, Zucker, Kardamom und Rosenwasser zum Reis geben. Butter zerlassen und ebenfalls einrühren. Das Ganze in eine weite Schüssel geben, mit Mandelsplittern oder Pistazien garnieren und erkalten lassen.

Ägyptische Walnüsse mit Orangenblüten und Karamell

Leicht gemacht – schnell weg!

125 g gemahlene Walnusskerne
125 g und
125 g Zucker für den Karamell
40 Walnusshälften
3–5 EL Orangenblütenwasser

Gemahlene Walnüsse, Zucker und Orangenblütenwasser zu einer Paste vermischen. Von der Mischung je einen Teelöffel zwischen 2 Nüsse geben und leicht andrücken. Eine Stunde in den Kühlschrank stellen. Den restlichen Zucker in eine Pfanne geben und unter ständigem Rühren erhitzen, bis eine Temperatur von 170° C erreicht ist. Über jede gefüllte Nuss etwas heißen Karamell (seien Sie vorsichtig!) gießen und erkalten lassen.

Allheilmittel

Allheilmittel

Wie kann ein Mensch sterben,
in dessen Garten Salbei wächst?

(Arabisches Sprichwort)

Das ist eine sehr gute Frage. Dieses fantastische Allheilmittel, das im Prinzip gegen jede Krankheit, groß oder klein, so zauberhaft hilft. Salbei genießt zudem den Ruf, wie keine andere Heilpflanze Lust, Liebe und Potenz zu fördern. Kein Wunder, schon Venus hat sie im Hortus Veneris, ihrem legendären Garten im Olymp, mit Riesenerfolg gepflanzt.

Pierre Bourdeille, Abt und Homme des Femmes, schreibt in *Das Leben der galanten Damen*, wie der Salbei sehr wertvolle Substanzen liefert, um den Frauen zu ihren «natürlichen Rechten zu verhelfen».

Hier ein Rezept von einem Mann, der weiß, dass Venus und Monsieur Bourdeille Recht hatten, und in dessen Garten viel Salbei wächst.

Likör der perfekten Liebe à la Monsieur Rostand

1 Handvoll Salbeiblüten
1 l Eau de vie
500 g Zucker
500 ml Wasser

Salbeiblätter und Blüten mit dem Eau de vie in einen Krug geben und zugedeckt an einem warmen Ort eine Woche stehen lassen. Die Lösung absieben und in 2 Flaschen zu je ¾ Liter füllen. Das Wasser kochen und den Zucker darin auflösen, abkühlen lassen und die Zuckerlösung in die Flaschen geben. Gut verschließen und kalt aufbewahren. Schmeckt am besten nach einem Monat oder zwei. Merci, Monsieur Rostand!

Süßer Zahn

Die Sehnsucht, sich das Leben zu versüßen, kennt für den wohlhabenden Menschen der Renaissance und Barockzeit keine Grenzen. Marmeladen, Gebäck, kandierte Früchte und literweise Limonade sind uns bekannt, aber die einfallsreichen Köche ließen jetzt das Weiße Gold über alles regnen: Fleisch, Fisch, ja sogar Austern wurden reichlich mit Zucker gepudert.

Fast alle Rezepte im katalanischen Kochbuchklassiker *Libre del Coch* von 1520 beendet der Autor Mastre Robert mit der Aufforderung: «Zucker und Zimt darüber streuen!» Er ist vollkommen davon überzeugt, dass Zucker nie schadet beim Kochen, nur bei gekochtem Fisch solle man ein bisschen vorsichtig sein!

Wer Geld hatte und dazu modern sein wollte, aß jetzt ununterbrochen Süßigkeiten, natürlich auf Kosten seiner Zähne. Fulbert Dumonteil schreibt: «Es ist eine Sirupflut, eine Zuckerlawine, eine Dragee-Orgie. Jeder will seine Bonbons griffbereit haben, um jederzeit einen im Munde haben zu können, und die hübschesten Münder der Welt tun nichts als knabbern.»

Karies war eine Krankheit, die höhere Schichten traf, und zwar sehr hart. So hart, dass man – wie Leonardos *Mona Lisa* – lieber die Zähne hinter einem rätselhaften Lächeln verstecken musste. Vielleicht liegt ihr viel diskutiertes Geheimnis einfach in mangelnder Zahnhygiene.

Dass exzessiver Zuckerkonsum die Zähne ruinierte, war zwar kein Geheimnis, aber die Pflege begrenzte sich meistens auf sporadische Mundspülungen und – wenn der Schmerz zu schlimm wurde – auf das Ziehen der Zähne. Man war pragmatisch und nahm einfach noch ein paar

Pastillen, um den schlimmsten Gestank aus dem faulenden Mund zu mildern.

Am Hofe Ludwigs XIV. waren Süßigkeiten andauernd im Schwange: beim *lever*, beim *coucher*, beim Kartenspielen, bei der *conversation*, beim *après chasse* ... Dem armen König hat man schon in jugendlichem Alter sämtliche Zähne und dazu ein Stück des Oberkiefers gezogen.

Für die schönen Damen des Hofes dienten die entzückenden Fächer keinesfalls nur zum Fächeln und koketten Flirten, er versteckte zugleich zerfressene Zähne und schützte dazu die Welt vor abscheulichem Atem.

Hätte man in den Gemächern nicht generös Sandelholz, Moschus, Ambra und andere kräftig duftende Essenzen versprüht, es wäre Zeitzeugen zufolge vor Gestank nicht auszuhalten gewesen. Süßigkeiten und Parfüm waren angesagt, nicht Zahnpflege und Seife.

Auch Elisabeth I. von England, die knapp hundert Jahre vor dem Sonnenkönig regierte, hatte eine große Vorliebe für Näschereien in allen Formen und ließ sich oft und gern damit beschenken. Bei einem Besuch der Universität Cambridge wurde sie mit zwei Paar parfümierten Handschuhen, zwei Zuckerhüten und einem großen Stück vergoldeten Marzipans beschenkt. Die Königin war laut einem Theologieprofessor entzückt und fing sofort freimütig an zu naschen!

Wahrscheinlich war Elisabeths *sweet tooth* der Grund für diesen Bericht eines deutschen Reisenden: «Ihre Augen sind klein, aber sehr dunkel und freundlich, sie hat eine leichte Hakennase, ihre Lippen sind schmal und ihre Zähne schwarz.»

Œufs de la neige

Dieses federleichte Dessert,
nach dem großen Barockkoch Varenne, ließe
sich auch zahnlos leicht verzehren.

4 Eiweiß
1 TL Zucker
1 Prise Salz
¾ l Milch

Crème anglaise:
4 Eigelb
100 g Zucker
Mark von einer halben Vanillestange

Eiweiße mit Salz und Zucker zu festem Eischnee schlagen. Die Milch in einem Topf mit großem Durchmesser fast zum Kochen bringen. Mit zwei Esslöffeln aus dem Eischnee eiförmige Stücke formen und vorsichtig jeweils so viele auf der Milch platzieren, dass sie sicheren Abstand zueinander bewahren. Jeweils eine Minute köcheln lassen und dann wenden. Nach einer weiteren Minute herausnehmen und auf Küchenkrepp gut abtropfen lassen. Für die Creme die Milch durch ein Sieb in einen kleinen Topf geben und erneut erhitzen; die Vanille zugeben. Eigelbe und Zucker in einer Schüssel verrühren. Dann unter Rühren zunächst löffelweise, später schneller die heiße Milch zugeben. In den Topf umfüllen und bei schwacher Hitze – nicht kochen! – ständig rühren, bis die Creme dick zu werden beginnt. Sofort durch ein Sieb streichen und abkühlen lassen. Die Schneeeier auf der Creme servieren und für ein außergewöhnlich süßes Erlebnis mit den kandierten Rosenblättern von Seite 80 garnieren.

Rirkrits «Goldener Tropfen» (Tong Yodd)

Aus Chiang Mai in Thailand
schickt uns der Künstler Rirkrit Tiravanija
ein Rezept einer verwandten Nachspeise:

20 Enteneier
5 Cups Zucker
5 Cups Jasminwasser (stilles Mineralwasser mit frischen Jasminblüten angesetzt)
1 Cup Reisstärke
1 Cup entspricht 240 ml

Das Jasminwasser und den Zucker am besten in einem kupfernen Topf mischen und auf niedriger Flamme den Zucker schmelzen. Die Flüssigkeit abseihen und zum Kochen bringen. Von dem Sirup 1 Cup zurückbehalten. Den übrigen Sirup weiter reduzieren. Eigelb vom Eiweiß trennen. Die Eigelbe zerquetschen und leicht aufschlagen. Davon 1 Cup mit ⅓ Cup Reisstärke mischen und das restliche Eigelb und die Reisstärke rasch damit verrühren. Den Sirup wieder zum Kochen bringen. Mit Daumen, Zeige- und Mittelfinger Tropfen aus der Eigelbmasse formen und in den kochenden Sirup gleiten lassen, bis der Topf gefüllt ist. Wenn die Tropfen fertig gekocht sind, gebe man sie mit einem Löffel aus dem heißen in den kalten zurückbehaltenen Sirup. *Danke Rirkrit!*

Limonade – «Götterwein» à la Varenne

Im Barock beginnt eine neue Ära der Getränke – alle natürlich mit Zucker gesüßt. Die Armen trinken ihr Bier weiter, aber es gibt nun ganz neue flüssige und süße Welten. Hier ein kleines Volkslied über die exotischen Neuigkeiten:

Milch ist dein erster Tranck,
zugleich auch deine Speiß,
Drauf muß ans Wasser sich der trockne Mund gewohnen,
Bier kriegst du etwan bald alß vor geringen Preiß,
Zuweilen kostest du den Wein bey den Patronen,
Waß unser Leben sey, erfährst du im Tabak,
Und gurgelst Caffee, Thee in deinen Madensack.
Erhitzest dich noch mehr bey warmen Chocolaten,
Daß du dich wieder kühlst, so trinckst, Limonaden.

(Aus: Der Menschen Zung und Gurgel Weid)

François-Pierre de La Varenne, der große Meisterkoch aus Dijon, beschreibt eine komplett neumodische Limonade: «Schäle zwei große Zitronen und schneide sie in Scheiben, genauso zwei Pomeranzen. Setz sie in drei Viertel Puderzucker und einem Schoppen Burgunder, sechs Nelken und ein wenig Orangenblütenwasser an. In dem gut zugedeckten Topf lass sie zwei oder drei Stunden ziehen und gieß sie hernach durch einen Trichter. Man kann dem Götterwein einen Moschus- oder Ambrageschmack geben, das schmeckt vorzüglich.»

Zuckerhut

Holunderblüte
und
Schierling
und
Zinnkraut

Holunderblütensaft

Von Mai bis Ende Juni entfaltet der Holunderbaum seine weißen Blütendolden, die weithin duften. Holunder wächst überall, folgen Sie nur Ihrer Nase!

2 große Einkaufstüten voll mit schönen, ausgeschüttelten, nicht gewaschenen Holunderblüten
4 Biozitronen
6 l Wasser
8 EL Zitronensäure
4–5 kg Zucker

Die Blüten und die in dünne Scheiben geschnittenen Zitronen in einen Eimer geben. 6 Liter Wasser zugießen (oder so viel, dass die Blüten bedeckt sind). Den Eimer zudecken und drei Tage kaltstellen. Zweimal pro Tag gründlich umrühren. Das Holunderwasser durch ein Tuch in einen Topf gießen und Zucker und Zitronensäure zugeben. Die Mischung langsam erhitzen, damit sich der Zucker auflöst, eine Minute lang kochen lassen, dann abkühlen lassen. Den Holunderblütensirup in sterilisierte Flaschen füllen oder – sogar besser – mindestens einen Teil davon in Plastikboxen einfrieren, dann können Sie das göttliche Getränk auch als Sorbet an einem heißen Sommertag genießen.

Camillas Lavendelzucker

Pflücken Sie die Blüten vor der Mittagszeit, weil Kräuter ihre ätherischen Düfte am besten entfalten, bevor die Sonne am höchsten steht.

200 g Zucker
1 Handvoll Lavendelblüten oder nach Geschmack

Füllen Sie ein Glas mit Zucker und Lavendel in Schichten. Das Glas verschließen und die Lavendel-Zucker-Mischung vier bis sechs Wochen durchziehen lassen. Hervorragend geeignet für Desserts, Tee oder zum Backen, zum Beispiel die Lavendelbiscotti:

Biscotti mit Walnüssen und Lavendel

300 g Mehl
175 g Lavendelzucker oder normalen Zucker
3 TL Lavendelblumen
150 g weiche Butter
150 g Mandeln
100 g Walnüsse
Mark von einer Vanilleschote
1 Päckchen Backpulver
1 Prise Salz
3 EL Amaretto
Ofentemperatur 175° C

Die Nüsse in einer Pfanne rösten und danach grob hacken. Die Butter mit Vanille und Zucker sehr schaumig schlagen, die Eier unterrühren. Mehl, Salz, Backpulver, Nüsse und eventuell die Lavendelblumen mischen und zu der Masse hinzugeben. Jetzt den Amaretto untermischen. Es sollte ein fester klebriger Teig entstehen, eventuell noch ein bisschen Mehl zugeben. Den Teig zu 2 Rollen von etwa 5 cm Durchmesser formen (geht am besten mit nassen Händen!). Auf ein mit Backpapier ausgelegtes Blech geben und 30 bis 40 Minuten backen. Die Rollen sofort schräg in 1,5 cm breite Scheiben schneiden. Zurück in den Ofen – noch 10 Minuten – fertig! Mit Espresso oder Vin Santo genießen!

Das Schauessen

Das Schauessen

Die Schönheit wird essbar sein,
oder sie wird nicht sein.

(Salvador Dalí)

Bei den barocken Banketten spielte Zucker die Hauptrolle. Wie wir gesehen haben, war der süße Geschmack beherrschend, man zuckerte Austern und Salatköpfe genauso wie Pfauenpasteten und Schinken. Aber als dekoratives Element und Baustein für süße «Schaustücke» feierte der Zucker seine größten Triumphe. Die Spektakelstücke ließen sich in jede Form modellieren, auch vergolden oder in allen Farben schminken. Oder man präsentierte sie lilienweiß – wie parischer Marmor. Man brillierte mit Zuckerskulpturen in Form von Wasserfällen, aus denen Wein und Parfüm flossen und Edelsteine regneten. Türkische Paläste wurden aus kandierten Früchten gebaut und Tempel aus Marzipan. Dies alles um zu amüsieren und den eigenen Reichtum vorzuweisen. Manchmal wurde sogar handfeste Tagespolitik mit Zucker betrieben. Karl VI. von Österreich ließ sich als «Jason der Drachentöter» und als «Beherrscher der Welt» in Zucker darstellen, um seinen Gästen zu versichern, dass es trotz seiner Misserfolge in Spanien keinen Grund gebe, an seinen Fähigkeiten als Anführer zu zweifeln.

Die Venezianer hatten schon während der Renaissance fantastische Schöpfungen aus dem Weißen Gold gezaubert. Man mischte den Zucker mit dem gummiähnlichen Tragant, auch dies eine neue exotische Ware, womit der Zucker zäh und formbar wurde. Wir lesen über ein Bankett für Heinrich III. im Jahre 1574 in Venedig, wo ein Beobachter erzählte:

«Die Tafel schmückten von Sansovino entworfene Zuckerskulpturen: zwei Löwen, eine Königin zu Pferd zwischen zwei Tigern und der David und der heilige Markus zwischen Abbildungen von Königen und Päpsten, Tieren, Pflanzen und Obst. Auch die Tischdecke, das Brot, die Teller und das Besteck waren aus Zucker.»

Zuckerkunstwerke waren begehrt, und wer es sich leisten konnte, baute ganze Sammlungen aus dem spröden und vergänglichen Material auf, das ständig von Kakerlaken, Ratten und Feuchtigkeit bedroht war. Außer Berichten ist nicht viel übrig geblieben von dieser flüchtigen Welt, und als Kunstform ist das Schauessen in Vergessenheit geraten. Aber eine Ahnung vom Einfallsreichtum späterer Zuckerbäcker bekommen wir etwa durch die Schilderungen des Berliner Konditormeisters Weyde. Er sparte in Berlin Anfang des 19. Jahrhunderts wirklich nicht an Munition und wusste genau, wie man das Publikum mit historischen Katastrophen-Szenarien am besten unterhielt. In seinem

Schaufenster konnte man den Brand von Moskau, die Völkerschlacht bei Leipzig und das Bombardement von Kopenhagen «genießen» – alles aus Zucker.

In der Kunst entwickelte sich ebenso die Idee weiter, dass man auch mit den Augen essen kann: «Wenn man futuristisch ißt, operiert man mit allen fünf Sinnen», schreibt Filippo Tommaso Marinetti, der die Sensation, ein Kunstwerk zu verschlingen, erleben wollte. Seine erotischen Fantasien realisierte er auf dem Tisch, etwa *Italienische Brüste in der Sonne* aus Mandelteig und Erdbeeren. Und Salvador Dalí, der als Kind davon geträumt hatte, Köchin(!) zu werden, verwirklichte in seinem Prachtwerk *Diners mit Gala* mit Unterstützung der Köche von Maxim's seine gastronomischen Ideen zu Themen wie *Fürstliche Torheiten, Herbstliche Kannibalismen, Weiche Uhren im Halbschlaf* und natürlich *Ich esse Gala*.

Italienische Brüste in der Sonne

Rezept der Futuristischen Luftmalerin Marisa Mori.
Filippo Tommaso Marinetti gründete am 8. März 1931 eine Experimentalküche in Turin unter dem Namen «Santopalato» – die Taverne zum «Heiligen Gaumen». Hier organisierte er mit seinen Freunden futuristische Bankette, um Leckereien wie diese zu genießen:

Man forme zwei Halbkugeln von Mandelteig. Im Zentrum einer jeden erhebt sich eine frische Erdbeere. Darauf gieße man Eierpunsch und Zonen aus Schlagsahne. Man kann das Ganze mit starkem Pfeffer bestreuen und mit kleinen roten Pfefferschoten garnieren.

Petits Fours mit Zuckerglasur

Die süßen «kleinen Öfen» wurden von
den Konditoren am Ende des Tages aus den Überbleibseln
im langsam nicht mehr so heißen Ofen zubereitet.
Somit konnte man jede Verschwendung vermeiden.

Für 20 Stück

Biskuit:
5 Eier
150 g Zucker
75 g Mehl
50 g Speisestärke
50 g abgeriebene und abgezogene Mandeln
Schale von 1 unbehandelten Zitrone
1 Prise Salz
Ofentemperatur 200° C

Die Eier trennen. Die Eigelbe mit 4 EL warmem Wasser, Zucker und Zitronenschale schaumig rühren. Die Eiweiße mit dem Salz zu festem Schnee schlagen und zur Eigelbcreme geben. Das Mehl und die Stärke darüber sieben, die Mandeln darauf streuen und alles locker unterheben. Den Biskuitteig auf das mit Backpapier bedeckte Blech streichen und etwa 12 Minuten auf der mittleren Schiene backen. Das Biskuit auf ein Kuchengitter stürzen und das Backpapier abziehen. Mindestens 2 Stunden ruhen lassen. Nun das Marzipan in Würfel schneiden, cremig rühren und mit dem Himbeergeist sorgfältig mischen. Die Konfitüre aufkochen und durch ein Sieb

Zum Füllen und Verzieren:
400 g Marzipan
4 EL Himbeergeist
500 g Aprikosenkonfitüre
1/8 l Vollmilch
400 g Puderzucker
4 EL Himbeerkonfitüre

Dekoration nach Belieben, vielleicht kandierte Rosenblätter auf Seite 80 oder kandierte Veilchen oder goldene Zuckerperlen …

streichen: Den Biskuit zuerst quer und dann beide Platten längs halbieren: Alle 4 Platten mit der Aprikosenkonfitüre und 2 Platten zusätzlich noch mit der Marzipanmasse bestreichen: Die nur mit Konfitüre bestrichenen Platten so auf die mit Marzipan bestrichenen legen, dass die unbestrichenen Seiten nach oben weisen. Zu gleichen Teilen gleichmäßige 3 cm große Würfel und Dreiecke aus dem gefüllten Biskuit schneiden und diese auch mit Konfitüre überziehen. Die Milch erhitzen, den Puderzucker sieben und so viel von der Milch unterrühren, dass eine dickflüssige Glasur entsteht. Die Himbeerkonfitüre durch ein Sieb streichen und die Hälfte der Glasur damit mischen. Jedes Petit Four auf eine Gabel stecken und über eine Schüssel halten. Die Würfel von allen Seiten mit der hellen und die Dreiecke mit der rosafarbenen Glasur übergießen. Die Petits Fours auf ein Gitter legen, die übrigen Glasuren in Pergamentpapiertüten füllen und durch eine kleine Öffnung Girlanden auf die Petits Fours spritzen. Mit Blumen und Perlen verzieren.

The Brecht

Sebastian Brecht ist einer von New Yorks innovativsten Konditoren. Er schenkt uns folgendes kleines, aber feines Schaustück. Ausgangspunkt ist das Gebiss seines Großvaters Bertolt. Danke Bertolt Brecht!

300 ml Sahne
300 g Bitterschokolade
60 g Milchschokolade
30 g Biotabak
200 g weiße Schokolade (für die Zähne)

Vermengen Sie 30 g Ihres Lieblingsbiotabaks mit erwärmter Sahne. Vom Herd nehmen und 30 Minuten abkühlen lassen. Durch ein feines Sieb gießen. Die mit Tabak veredelte Sahne erneut erwärmen und anschließend auf die Bitterschokolade und die Milchschokolade gießen. Mischung schlagen, bis sie glatt ist. Sobald sie abgekühlt ist, in einen Spritzbeutel mit einer 12,5 mm großen Düse geben und in zigarrenlange Rohlinge auspressen. Die übrige Bitterschokolade härten und in Alufolie aufbewahren. Härten von Bitterschokolade: Schmelzen bis 45° C, dann bis 27° C abkühlen lassen (bis es schlammig aussieht), erneut erwärmen bis 31° C (bis es flüssig wird). Für die weiße Schokolade gelten die Temperaturen 45, 26 und 29° C. Die Schokoladenrohlinge rollen, bis sie gleichmäßig ummantelt sind (es darf nicht zu ordentlich sein). Besorgen Sie sich zahnärztlichen Kunststoff, und nehmen Sie Abdrücke von Ihren Zähnen oder denen Ihrer näheren Verwandtschaft. Die weiße Schokolade härten und in die Zahnabdrücke gießen. Abkühlen lassen, bis sie glänzend und fest ist. Zigarren in den Mündern platzieren.

Sebastian Brecht bedankt sich bei seinem Zahnarzt Dr. Theodore Sewitch für die technische Unterstützung.

Kandierte Früchte

Kandierte Früchte

Alle Liebenswürdigkeiten, die man macht,
verwandeln sich im Winter in kandierte Früchte.

(Stéphane Mallarmé)

Eine besondere Art, Früchte zu konservieren und daraus eine köstliche Süßigkeit zu bereiten, ist das Kandieren von Früchten. Diese Herstellung ist nicht einfach, ich weiß es, denn ich habe es versucht.

Kandieren bedeutet, Säure und Wasser durch Zucker zu ersetzen – eine sehr zeitraubende und komplizierte Handarbeit. Eine Pflaume bis zur Vollendung zu kandieren kann bis zu drei Wochen dauern.

Seit jeher sind kandierte Früchte – nicht zuletzt auch aufgrund der aufwändigen Herstellung und den dadurch hohen Preis – ein majestätischer Genuss für Kenner und Genießer, eine Art Grand Dame der Süßigkeiten. Vielleicht ist das Kandieren so alt wie das Einlegen. Bereits die Ägypter haben für ihre Pharaonen Feigen und Datteln in Sirup aus Palmblütensaft eingelegt. Die Römer verwendeten Honig zur Konservierung von Obst aller Art und haben es als Höhepunkt ihrer raffinierten Gastmähler gereicht.

Bei dem römischen Dichter Martial lesen wir: «Wenn man dir Cydon-Quitten serviert, die mit attischem Honig gesättigt sind, wirst du sie Paradiesäpfel nennen können.» Im Barock waren die kandierten Früchte sehr beliebt – kostbar, schön und exklusiv wie Edelsteine. Rohe Früchte dagegen genossen nicht so richtig die Gunst des verfeinerten Menschen jener Epoche, und diese Verzehrweise wurde damals ohnehin als äußerst schädlich für die Gesundheit angesehen. Noch ein Grund zu kandieren!

Jetzt kandierte man alles – kleine Artischocken, Karotten, Blumen oder die Rippen des Kopfsalats, die man Engelsmünder nannte. Kandierte Fenchelstängel dienten als Zahnstocher!

Bei einem Bankett am 22. November 1668 in der Nähe von Rom wurde folgende Zuckerkunst aufgetischt: *Süßigkeiten serviert in goldenen Tassen* / Kandierte Pflaumen aus Genua / Kandierte Birnen / Kandierte Pfirsiche / Kandierte Lazzaroleäpfel / Kandierte Kopfsalatrippen / Kandierte weiße Schokolade / Kandierte Nelken / Runde Süßigkeiten mit Muskatgeschmack / Kandierter Zimtkonfekt / Weiße kandierte Cannellinibohnen / Kandierter Koriandersamen.

Jetzt haben wir so lange über diese edle Süßigkeit gesprochen, dass man hier zu Recht ein paar köstliche Beispiele erwarten könnte. Aber es kommt leider der Augenblick der Wahrheit, wo ich zugeben muss, dass ich Ihnen kein gutes Rezept für kandiertes Obst anbieten kann, weil es einfach zu aufwändig und kompliziert für mich ist. Schauen Sie lieber in Büchern von richtigen Konditoren nach, die diese erhabene Kunst beherrschen, oder lassen Sie sich mit meinen einfachen Konfitürerezepten zufriedenstellen, bis Sie wieder mal irgendwo in der Provence in einem schattigen Café am späten Nachmittag zusammen mit einem kalten Glas Wein die wunderbaren kleinen Edelsteine genießen können!

PS: Die besten kandierten Früchte der Welt kauft man nicht in Frankreich, sondern bei der netten Besitzerin der Confetteria Morindo e Gariglio, Via del Piè di Marmo 21–22 in Rom, Könige und Präsidenten wussten und wissen das.

Konfitüre Aladin

1,2 kg Äpfel
gerne Boskop
Saft von einer Zitrone
800 g Zucker
30 g Ingwerwurzel
1 Zimtstange

Die Äpfel schälen und von den Kernen befreien. Die Früchte würfeln und in eine Schüssel zusammen mit dem Zitronensaft geben. Den Ingwer schälen und fein hacken. Den Zucker mit 400 ml Wasser aufkochen lassen und auf 114° C erhitzen. Die Äpfel abtropfen lassen und zusammen mit Ingwer und Zimt in den Sirup geben. Erneut aufkochen lassen und bei starker Hitze etwa 8 Minuten weiterkochen. Vorsicht, dass es nicht anbrennt! Geben Sie jetzt ein wenig Konfitüre auf einen kalten Teller: wenn sie sofort erstarrt, ist sie fertig! Sorgfältig abschäumen und in Gläser füllen.

Nusskonfitüre Schwarzwald

500 g Walnusskerne
500 g Haselnusskerne
800 g Gelierzucker
200 ml Apfelsaft

Die Nüsse grob hacken. Den Zucker mit 400 ml Wasser zum Kochen bringen und bis auf 114° C erhitzen. Die Nüsse und den Apfelsaft zugeben und 20 Minuten weiterkochen lassen – bei ständigem Rühren. Machen Sie die Garprobe wie oben, danach abschäumen und in Gläser abfüllen. Schmeckt wunderbar mit Käse und Pumpernickel!

Johannesbeergelee

Der Duft von schwarzen Johannisbeeren
macht mich schwach.

500 g schwarz Johannisbeeren
550 g Gelierzucker und 50 g zum Wälzen
1 nussgroßes Stück Butter

Die Beeren pürieren. Mit der Hälfte des Zuckers zum Kochen bringen, dann den restlichen Zucker zugeben und erneut aufkochen. Sprudelnd kochen lassen, aber nur 4 Minuten! Nach 3 Minuten die Butter zugeben. Mit einem Holzspachtel die ganze Zeit kräftig auf dem Topfboden rühren und anschließend in eine mit Papier ausgekleidete Form gießen. Mindestens 2 Stunden abkühlen und erstarren lassen. Das Gelee jetzt in Würfel schneiden und vorsichtig in Zucker wälzen (wenn die Masse vor dem Schneiden trocken ist – mit einem Pinsel anfeuchten).

Duftrosen

Die alten Sorten der Duftrosen, die heute bei uns recht selten geworden sind, waren bis ins 19. Jahrhundert hinein ein wichtiger Bestandteil der feinen Küche. Rosenmarmelade, Rosensorbet, Rosengelee, Rosenkonfekt, Rosenzucker, Rosenbrötchen, gefüllte Rosen, gebackene Rosen, Rosensulz und natürlich:

Kandierte Rosenblätter

In Grasse, wo der Maler Jean-Honoré Fragonard geboren wurde und wo die am besten riechenden Fabriken der Welt Parfüms und Essenzen von den Rosen der Gegend herstellen, kann man immer noch wunderbare kandierte Blumenblätter aller Art kaufen. Hier ein Beispiel:

20 schöne ungespritzte Rosenblätter von Duftrosen
2 steif geschlagene Eiweiß
100 g grober Zucker

Die Blütenblätter waschen und abtropfen lassen. Vom bitteren Stielansatz befreien. Die Blätter einzeln in den Eischnee tauchen und auf ein mit Zucker bestreutes Backpapier legen. Beide Seiten der Rosenblätter sorgfältig mit Zucker bestreuen und im lauwarmen Ofen trocknen lassen. In einer Dose oder einem Glas gut verschlossen aufbewahren.

Rosenmarmelade à la Tante Inga

Schmeckt köstlich zu Tee und Scones!

10 Handvoll ungespritzte Duftrosenblätter
500 g Gelierzucker
Saft von 2 Zitronen
1 Päckchen Vanillezucker
1 Schuss Rum

Alle Zutaten, außer dem Rum, vermengen und vorsichtig 20 Minuten kochen lassen. Saubere Gläser mit Rum ausspülen und die heiße Marmelade sofort einfüllen und gut verschließen. Im Kühlschrank aufbewahren.

Rosenzucker aus Eltville

200 g getrocknete Rosenblätter
200 g Zucker

Zucker und Rosenblätter in der Küchenmaschine zu Staubzucker verarbeiten. In Gläser füllen und dunkel und trocken aufbewahren. Wunderbar zum Bestäuben von Gebäck, Beeren, Pfannkuchen oder Joghurt.

Oh, ich habe ja Rosenwasser vergessen! Rosenwasser ist etwas Wunderbares, was jeden langweiligen Obstsalat in kulinarische Höhen hebt! Gibt's in der Apotheke. Probieren Sie mal!

Carême – der Palladio der Patisserie

Die nicht immer so imposanten mehrstöckigen Torten, die man auf einer großen Hochzeit oder manchmal in einer exklusiven Konditorei sehen kann, sind nichts anderes als blasse Abbilder der beinahe utopischen Kreationen, denen Marie-Antoine Carême, der «Palladio der Patisserie», seinem Ruhm verdankte.

Carême arbeitete als Koch und Konditor für die Crème de la Crème seiner Zeit. Er fing bei Talleyrand, dem Außenminister Frankreichs und großen Gourmet, als Pastetenbäcker an, war danach beim englischen Prinzregenten, dem späteren König Georg IV. tätig, dann beim russischen Zaren, Alexander I., der Baronesse Rothschild und Kaiser Franz I. von Österreich. Und außerdem buk er Napoleons Hochzeitstorte.

Marie-Antoine Carême war eine außergewöhnliche Persönlichkeit und ein bahnbrechender Koch und Patissier. Er verbrachte oft Wochen mit der Herstellung einer einzigen seiner komplizierten Aufbauten, den sogenannten pièces montées. Tagsüber studierte er die Werke der klassischen Architekten in der Bibliothèque Royale, und in der Nacht baute er sie aus Zucker, Tragant und Teig in der Küche nach.

Seine Geschichte könnte aus einem Roman von Charles Dickens stammen: Als eines von 25 Kindern einer völlig verarmten Familie geboren, wurde er von seinem Vater mit 10 Jahren auf die Straße gesetzt, um künftig für sich selbst zu sorgen. Wie der große Schriftsteller Alexandre Dumas in seinem Dictionnaire de cuisine schrieb, nahm der Vater ihn in eine Taverne am Stadtrand von Paris mit, wo sie zusammen zum letzten Mal Abendbrot aßen. Der Vater sagte: «Geh mein Kleiner, in dieser Welt gibt es viele gute Handwerke. Heute Nacht oder morgen wirst du gewiss ein gutes Haus finden, das seine Türen für dich öffnet. Geh mit dem, was Gott dir gab und was ich dir mitgeben konnte.» Dann segnete er seinen geliebten Sohn und verließ ihn – für immer.

Durch Zufall gehörte die erste Tür, an die der kleine Antoine klopfte, einem Restaurant. Wenn sich Carême später an diesen düsteren, aber sehr entscheidenden Augenblick erinnerte, dachte er, dass ihn das Schicksal an diesem Abend genauso gut zu einem Schornsteinfeger hätte führen können. Das wäre ein Riesenunglück gewesen – für ihn, aber vor allem für die französische Küche.

Vor Carême und der Französischen Revolution waren die Tischdekorationen, wie wir gesehen haben, oft gigantisch und manchmal ziemlich geschmacklos. Der Schriftsteller Horace Walpole erzählt vom Bankett, das anlässlich der Geburt eines Herzogs von Burgund gegeben wurde: «Der Mittelteil war mit Wachsfiguren bestückt, die sich mit Hilfe eines Uhrwerkes drehen konnten. Gegen Ende des Festes setzen sie sich in Bewegung und gaben eine Darstellung der Wehen der Dauphinesse und der glücklichen Geburt des Thronfolgers» – durch eine Vagina aus Marzipan!

So etwas gefiel Carême gar nicht! Er wollte Geschmack und Symmetrie – und vor allem Ordnung! Carême, der sich als einen mit Zucker arbeitenden Architekten sah, war der Meinung, dass Zuckerbäckerei ein Hauptzweig der

Baukunst sei. Sein Buch *La Patisserie pittoresque* aus dem Jahr 1815 enthält nicht nur Rezepte, sondern auch Beschreibungen, wie man einen gigantischen, aber natürlich sehr geschmackvollen Igel aus Baiser macht, wie federleichte bunte Cremes zubereitet werden oder wie man riesengroße Zuckerfiguren am besten vergolden kann.

Hier präsentiert er auch seine zahlreichen Zeichnungen aus der Architekturgeschichte: Säulenordnungen, chinesische Mühlen, türkische Lustschlösser, schwedische Pavillons, holländische Eremitagen, italienische Landhäuser, griechische Tempel und Pyramiden aus Ägypten, alles Ausgangspunkte für seine Tischdekorationen. Er buk also die Weltgeschichte der Architektur aus Zucker, Nougat und Gelee.

Wir werden keinen schwedischen Pavillon bauen, aber warum nicht eine schwedische Torte im Geiste Carêmes, und zwar eine königliche:

Prinzessinnentorte

4 Eier
140 g Zucker
60 g Mehl
80 g Kartoffelmehl
1 Päckchen Backpulver
Ofentemperatur 175° C

Füllung:
Crème anglaise (Seite 50) oder fertige Vanillecreme
200 g Himbeermarmelade

Eine Springform einfetten und mit Semmelbröseln ausstreuen. Eier und Zucker schaumig schlagen. Mehl, Kartoffelmehl und Backpulver mischen und unter den Eierschaum rühren. Die Form mit der Mischung füllen und etwa 40 Minuten backen. Den Kuchen erkalten lassen und in 3 Böden schneiden, der oberste sollte nur knapp 1 cm dick sein. Die Crème anglaise oder Vanillecreme zubereiten. Die Schlagsahne steif schlagen und mit der Creme mischen. Die Himbeermarmelade auf den unteren Boden streichen, danach die Sahne-

450 ml Schlagsahne

Garnierung:
500 g Marzipan
150 g Puderzucker
1 EL Glukose
grüne und rosa Lebensmittelsfarbe

creme auf alle drei Böden verteilen und auch die Torte rundherum damit bestreichen. Dabei sollte die Creme in der Mitte jeweils immer einen kleinen Hügel bilden, so dass die Torte in der Mitte jeweils etwas erhöht ist. Dann die Torte kühl stellen. Das Marzipan mit dem Puderzucker und der Glukose schön geschmeidig rühren. Mit etwas Lebensmittelfarbe die Masse zartgrün färben (ein kleines Stück zur Seite legen für die Rose). Die Masse zwischen zwei Folien zu einem runden dünnen Teig ausrollen, der die ganze Torte bedeckt. Die Torte vorsichtig bedecken und die Kanten abschneiden. Das übrige Marzipan zartrosa färben, eine schöne Rose formen und auf die Torte legen. Darüber lassen Sie ein bisschen Puderzucker schneien.

Andys süßes Omelett

Andys süßes Omelett

Eines der entzückendsten und nutzlosesten Kochbücher der Welt ist das 1959 erschienene *Wild Raspberries* von Andy Warhol und seiner Freundin Suzie Frankfurt. Warhol war tief beeindruckt von Marie-Antoine Carêmes legendärem *Le Patissier pittoresque*, einem seiner Lieblingsbücher – und seine Zeichnungen sind eigentlich auch nur Adaptionen der architektonischen Fantasien, der sogenannten pièces montées des französischen Meisterkochs.

Man findet hier schwer realisierbare Rezepte, etwa für ein «Omelett Greta Garbo», das man vollkommen allein in einem von Kerzen erleuchteten Raum essen soll:

«Mach ein Bett aus Biskuit und fülle es mit rosa Eis. Bedecke es mit Baissermasse und lass es blitzschnell goldbraun werden. Schütte ein Glas Kirschlikör darüber und zünde es an. Nur in einem mit Kerzenschein beleuchteten Raum zu essen».

Oder das Rezept für eine Marzipantorte, die nur in eleganten tragbaren Kühlschränken der Firma Abercrombie & Fitch aufzubewahren sei und auf dem Lande verzehrt werden müsse.

Venusbrüste in Coganc

Schöne reife Pfirsiche
die Hälfte ihres Gewichts in Zucker
Cognac

Die Pfirsiche schälen, entsteinen und in Viertel schneiden. Abwechselnd mit dem Cognac in einem irdenen Topf schichten, mit Cognac bedecken und gut verschließen. In den Kühlschrank stellen. Und jetzt versuchen Sie bitte, mindestens fünf Tage zu warten. Dann genießen Sie die Früchte – mit Schlagsahne!

Zabaione mit roten Früchten und Eis

Wie so oft in der Geschichte der Patisserie streiten sich die Weisen darüber, wer der Erfinder der Zabaione ist. Folgende Theorie finde ich charmant: Im 16. Jahrhundert wirkte der katalanische Franziskanerpater Pasquale Baylon in Italien. Er war nicht nur ein geachteter Mönch, sondern auch ein genialer Koch und kreierte für Arme und Kranke, aber auch für müde Ehemänner, ein hochwirksames Stärkungsmittel aus Eiern und Wein, «La crema di San Baylon», das schließlich verkürzt «Zabaione» hieß. Der Mönch wurde später heiliggesprochen und ist seitdem der Schutzpatron der Köche.

4 Eigelbe
4 EL Zucker
Schale von einer unbehandelten Zitrone
1 Prise Zimt
100 ml trockener Marsala
400 g rote Beeren und Früchte nach Geschmack
4 Kugeln Eis

Alle Zutaten für die Creme in einen hohen Topf oder Anschlagkessel geben. Im Wasserbad mit einem Schneebesen fleißig schlagen, bis sich ein stabiler Schaum gebildet hat. Obst und Eis in Dessertschalen anrichten und mit der heißen Zabaione servieren.

Bon!
Bon!

«Bon! Bon!» riefen die koketten Herren und Damen des Rokoko aus, als sie die süße Leckerei eifrig naschten. Das Bonbon, die kleine, süße, harte, in allen Farben des Regenbogens gefärbte Leckerei, wurde schnell zum Lieblingskind für groß oder klein. Und hier in Deutschland nannte man solche kleinen Süßigkeiten zum Beispiel so: Schnongse, Gutti, Guzel, Guadl, Gutsel, Gutsl, Zuckerl, Zuckerle, Leckers, Leckerli, Fustoale, Zeidl Bombs, Brocken, Klömpkes, Klümpchen, Kamellen, Ballekes, Babbelkes, Bömskes, Bröckskes, Bröck, Zuckerstein, Bomsche, Bonschen, Bonschi, Bommer, Drops, Lutschtablette, Pastille, Bönger ... Ein geliebtes Kind hat viele Namen, wie wir in Schweden sagen.

Große Mode war während des Rokoko, der vielleicht süßesten aller Epochen, die sogenannte Taschenbonbonniere, eine kleine, hübsch verzierte Dose, die man mit sich trug, um sicher zu sein, immer etwas Süßes dabei zu haben. Beliebte Motive waren Amoretten, schnäbelnde Tauben, Schäferspiele und Girlanden von Blumen.

Der große Gastronom Fulbert Dumonteil beschreibt «diese niedlichen und reizenden Dosen, diese erlesenen Bonnbonnieren fein mit Gold und Silber ziseliert, aus Edelhölzern, Elfenbein, Schildpatt, mit seltenen Steinen verziert, mit märchenhaften Malereien geschmückt – liliputanische Meisterwerke berühmter Künstler. Die großen Damen, mit der Bonbonniere wie mit dem Fächer, legten eine ganz besondere Grazie an den Tag, sie zu öffnen, sie zu schließen, sich gegenseitig Bonbons mit Vanille-, Veilchen- und Rosengeschmack anzubieten. Wie der Fächer hatte die Bonbonniere zwischen den Geschichten und leichten Fingern der Frau ihre Bedeutung, ihre Sprache symbolisierte eine Idee, brachte ein Gefühl, eine Sympathie, eine Zurückweisung, ein Versprechen, ein Bekenntnis zum Ausdruck.»

Diese raffinierten Gegenstände waren selbstverständlich nicht nur den Damen vorbehalten. Jeder modische Mann mit Selbstachtung trug eine kleine Bonbonniere in seiner Tasche, so auch Ludwig XIV., der am liebsten Anisbonbons lutschte, vielleicht dieser Art:

Anisbonbons

500 g Zucker
2 EL Wasser
einige Tropfen Anisöl
Lebensmittelfarbe nach Geschmack

Man lässt den Zucker mit dem Wasser über hellem Feuer schmelzen, bis er lichtbraun geworden ist. Dabei muss fleißig gerührt werden, so dass sich alle Stellen gleichmäßig färben. Zu dunkel darf der Zucker nicht werden, sonst wird er bitter. Die richtige Farbe ist etwa honiggelb. Dann gibt man rasch das Anisöl dazu, und wenn Sie Lust haben, auch ein paar Tropfen Farbe. Nach tüchtigem Verrühren wird die Masse ausgegossen und geschnitten. Die kleinen Leckereien bewahren Sie natürlich in Ihrer Taschenbonbonniere auf!

Weiche Sahnebonbons mit Vanille

250 g Zucker
250 g Sahne
1 Vanilleschote
Butter für die Form

Den Zucker mit Sahne und Vanillemark in einen Topf unter ständigem Rühren zum Kochen bringen. Die Temperatur auf mittlere Hitze herunterschalten und die Masse 25 bis 30 Minuten offen einkochen lassen – rühren, rühren, rühren! Die Bonbonmasse hat die richtige Konsistenz, wenn ein Tropfen davon beim Eintauchen in kaltes Wasser fest wird. Eine flache Porzellanform mit Backpapier auslegen und mit Butter einfetten. Diese etwa 2 cm hoch einfüllen und glatt streichen. Die noch warme Sahnecreme in bonbongroße Stücke schneiden. Vor dem Genuss ganz abkühlen lassen, auch wenn es schwer fällt. Bon! Bon!

Caramel au beurre salé à la Delphine

250 g Zucker
250 g salzige Butter
250 g Schlagsahne

Die Butter mit dem Zucker karamellisieren (Vorsicht: nicht zu dunkel werden lassen!). Die Schlagsahne hinzufügen und 2 bis 3 Minuten köcheln lassen. Heiß in die Gläser füllen. Auf Crêpes oder gutem Brot genießen!

Eine süße Erinnerung

Herrlich duftende Pfefferminze, begleitet von dem Schmelz feiner Schokolade. Diese subtile Kombination wird vollendet durch einen Hauch von Mitsouko, dem Lieblingsparfüm meiner Mutter. So schmeckten die Lieblingspralinen meiner Kindheit – die Pfefferminzküsse.

Diese Pralinen waren nichts, was man jeden Tag naschte, nein, sie waren etwas Besonderes, ja fast Magisches. Die Küsse gehörten in die schöne Abendhandtasche aus schwarzem Samt mit der elegant verzierten Spange: Es war die Tasche, die meine Mutter immer trug, wenn wir gemeinsam in die Oper gingen.

In der Tasche lagen die Pralinen, schön verpackt in einer süßen kleinen Tüte aus rosa Seidenpapier, das immer wahnsinnig raschelte, daneben ein Lippenstift, eine Puderdose und der kleine Parfümflakon.

Die Pfefferminzküsse bringen immer noch die schönsten Erinnerungen meiner Kindheit zurück, die Erinnerungen an Sehnsucht, Musik, Licht, Tanz und Bezauberung. Aber auch den Stolz und das Glück, dies alles mit meiner schönen und klugen Mutter geteilt zu haben.

Die kleine Spur von Duft und Geschmack des Parfüms meiner Mutter brachte für mich die Pralinen zum Erblühen, aber ich verspreche Ihnen, sie schmecken auch ohne dies ganz wunderbar!

Pfefferminzküsse

1 Eiweiß
250–400 g Puderzucker
Pfefferminzöl (aus der Apotheke)
100 g bittere Schokolade

Das Eiweiß in eine Schüssel geben und das Pfefferminzöl zugeben. Nach und nach gesiebten Puderzucker zugeben, bis die Masse fest wird und sich leicht verarbeiten lässt. Kleine Bällchen zwischen den Handflächen formen. Die Bällchen auf Backpapier legen und platt drücken. An einem kühlen Ort trocknen lassen. Jeden Kuss mit einem Klecks Schokolade dekorieren – fertig!

2010

Z

Die Zuckerrübe

Ich möchte des Teufels werden, wenn ich denke,
dass unsere Kühe so viel Zucker gefressen haben,
den wir hätten zu unserm Kaffee brauchen können.

(Clemens von Brentano)

Es war der Berliner Chemiker Andreas Sigismund Marggraf, der 1747 den Zucker in der einfachen Runkelrübe, der Beta Vulgaris, entdeckte. Das führte schließlich dazu, dass aus dem unverschämt teuren Luxusgenussmittel ein erschwingliches Volksnahrungsmittel wurde. In einer Publikation schreibt er, er habe in der Rübe ein «Salz» gewonnen, welches sich in nichts vom «vollkommenen Zucker» unterscheide.

Marggrafs begabter Schüler Franz Carl Achard züchtete die Rüben weiter, mit Unterstützung keines geringeren als König Friedrich Wilhelms III. von Preußen. Ihm gelang es, die Runkelrübe zur Zuckerrübe zu veredeln. Englische Zuckerhändler und Kolonialzuckerraffinerien fühlten sich daraufhin bedroht und waren nicht gerade begeistert von Achards revolutionären Experimenten. 200.000 Taler boten sie ihm damals, wenn er seine Versuche für gescheitert erklärte – aber er weigerte sich.

1802 konnte er in Niederschlesien die erste Rübenzuckerfabrik eröffnen, und das war der Anfang vom Ende für den teuren Kolonialzucker. «Das weiße Gold» war auf dem Weg, der «große Seelentröster aller Klassen» zu werden.

Bornhauser Toddy

Als Nachtisch oder einfach
zwischendurch.

3 Eigelb
3 gestrichene EL Puderzucker
3 EL Whiskey
100 cl Milch

Eigelb mit Puderzucker schaumig rühren. Den Whiskey dazugeben. Die Milch aufkochen, jedoch abkühlen lassen, bevor sie daruntergemischt wird. Ein letztes Mal kräftig schlagen. In Gläsern servieren, gerne etwas gemahlenen Zimt darauf streuen. Lecker!

Liebesäpfel

Altmodisches Naschwerk für Kinder,
Verliebte und Normalsterbliche.

4 Äpfel,
am besten eine säuerliche Sorte wie Braeburn oder Boskop
400 g Zucker
4 EL kaltes Wasser
1 TL rote Lebensmittelsfarbe
1 TL Zitronensaft
4 Holzspieße

Die Äpfel waschen und trockenreiben. Den Stiel entfernen und die Äpfel an dieser Stelle auf einen Holzspieß stecken. Zucker, Wasser, Zitronensaft und Lebensmittelfarbe aufkochen, bis die Masse zu karamellisieren beginnt. Den Topf vom Herd nehmen. Die Äpfel in die Zuckermasse eintauchen, bis sie schön rot und glänzend sind. Dann auf ein mit Zucker bestreutes Tablett legen und abkühlen lassen.

Gebrannte Mandeln

250 g Mandeln ohne Haut
300 g Zucker
½ TL Zimt
2 EL Wasser

Zimt und Wasser in einer Pfanne bei starker Hitze ohne Rühren ca. 3 Minuten erhitzen. Die Mandeln zugeben und unter Rühren mit dem Zucker überziehen. Weiterrühren, bis die Zuckermasse karamellisiert und braun wird. Die Mandeln auf Backpapier geben, sofort mit 2 Gabeln auseinanderziehen und fest werden lassen.

Die Würfel

Jacob Christoph Rad ist wirklich ein ausgezeichnetes Beispiel für einen Helden des Alltags. Im Jahr 1843 berichtete eine Wiener Zeitung begeistert über «eine neue Art Zucker in Würfelform».

Vor der Zeit des einfallsreichen Zuckerfabrikanten Rad gab es nur Zucker in Form gigantischer Zuckerhüte, mit denen man wahnsinnig schwer und fast unmöglich hantieren konnte.

Zuckerhämmer, Zuckerhacken, Zuckerbrecher und Zuckerzangen waren unverzichtbare Gegenstände, um die bis zu zwei Meter großen Hüte zu parieren und in handliche Stücke zu brechen. Kein Wunder, dass man aus den Küchenregionen oft Geschrei hörte!

Und genau so ein Geschrei konnte man eines schönen Tages im Jahr 1841 zuhause bei unserem Held und seiner Gattin Juliana hören. Frau Rad hatte wieder einmal, zum wievielten Mal wissen wir nicht, ihre zarten Finger mit der

Zuckerhacke verletzt, und das Blut tropfte auf den gebrochenen Zucker. Mit bandagierter Hand und rotgeweinten Augen zeigte Juliana jetzt ihrem Gatten die blutgetränkten Zuckerstücke und fragte ihn, ob es wirklich immer diese verdammten Zuckerhüte sein müssten. Könnte man nicht Zucker in einer anderen Form herstellen?

Juliana hatte das Gespräch bald vergessen, aber das hatte Jacob Christoph Rad nicht! Er konnte nicht aufhören, an diese brillante Idee zu denken, und schon nach kurzer Zeit kam seine Erfindung, die Presse für die Produktion des Würfelzuckers, zur Welt.

Die ersten 350 Zuckerwürfel, die er produzierte, waren ein Geschenk an seine geliebte Frau. Diese Zuckerwürfel waren nicht weiß, sondern blutrot gefärbt und die Erinnerung an einen Vorfall, der zu einer genialen Idee geführt hat.

Marillenknödel

Füllung
12 Marillen (Aprikosen)
12 Stück Würfelzucker

Teig:
1 kg mehlige Kartoffeln
250 g Mehl
60 g Butter
30 g Grieß
2 Eier
eine Prise Salz
Puderzucker

Die Kartoffeln kochen, schälen, etwas abkühlen lassen und dann in einer Presse durchdrücken. Die weiche Butter mit Eiern, Grieß und Salz gut vermischen. Anschließend zusammen mit den Kartoffeln und der notwendigen Menge Mehl zu einem glatten Teig verarbeiten. Die Masse zuletzt zu einer Rolle formen, in fingerdicke Scheiben schneiden und auf einer mit Mehl bestäubten Arbeitsfläche ablegen. Die Marillen mit dem Stiel eines Kochlöffels durchstoßen, den Kern entfernen und durch ein Stück Würfelzucker ersetzen. Auf jede Teigscheibe

Brösel:
200g Butter
150g
Semmelbrösel

eine Marille setzen und den Teig gut und gleichmäßig dick um die Frucht formen. Die fertig geformten Knödel in leicht gesalzenes, kochendes Wasser legen. Ca. 10 Minuten bei schwacher Hitze kochen und weitere 10 Minuten ziehen lassen. In der Zwischenzeit die Butter erhitzen und die Semmelbrösel darin goldbraun rösten. Anschließend die abgetropften Knödel darin wälzen, bis sie gleichmäßig von den Butterbröseln bedeckt sind. Vor dem Servieren reichlich mit Puderzucker bestreuen.

Pesche in vino bianco

Von einer italienischen Freundin,
die den Wein mehr liebt als den Nachtisch,
habe ich dieses Rezept.

Pro Person:
1 Glas Weißwein
1 reifer Pfirsich
2 Zuckerwürfel

In Ihr letztes Glas Wein nach dem Mittagessen geben Sie zwei Zuckerwürfel und einen in Scheiben geschnittenen Pfirsich. Lassen Sie ihn ein paar Minuten ziehen. Essen Sie den Pfirsich und trinken Sie den Wein! Salute!

Tarte Tatin

In einem Dörfchen an der Loire lebten im 19. Jahrhundert zwei Schwestern, Françoise und Stefanie Tatin. Die beiden führten zusammen ein angenehmes Hotel mit einem kleinen Café-Restaurant. Hier servierten sie den besten Apfelkuchen der ganzen Gegend. Stefanie, die jüngere und sehr schüchterne, war in den schönen Sohn des Lehrers irrsinnig verliebt. Oft beobachtete sie ihn heimlich, während er seinen Kuchen langsam aß.

Eines Tages überraschte der schöne junge Mann sie in der Küche. Da fiel der armen, aber glücklichen Stefanie der fertige Apfelkuchen aus den Händen, natürlich auf die Apfelseite! Was sollte sie machen, das kleine Café war voll von erwartungsfrohen Gästen? Der Boden des Kuchens war vom Sturz beschädigt, aber die unzerstörte Obstschicht legte sie geschwind wieder in die Form, bedeckte sie schnell mit etwas frischem Teig und schob sie noch einmal in den Ofen. Die karamellisierten gebackenen Äpfel schmeckten allen Gästen außergewöhnlich gut. Von diesem Zeitpunkt an machten die Schwestern Tatin immer ihre Tarte mit den karamellisierten Äpfeln kopfüber, und man nannte den Kuchen überall in der Gegend «Tarte Tatin».

In ganz Frankreich bekannt gemacht hat ihn der große französische Gastronomiekritiker Curnonsky, der in den 1920er Jahren eine Buchreihe über die Küche der französischen Provinzen schrieb und 1926 das Rezept für «La Tarte des Demoiselles Tatin» veröffentlichte. Kurze Zeit danach erschien der aus Liebe kreierte Kuchen auf der Speisekarte des berühmten Pariser Restaurants Maxim's. Ein Klassiker war geboren!

Pflaumen-Tarte à la Tatin à la Susanne

Hier eine Variante mit Pflaumen.
«Mit etwas Routine sehr einfach und schnell zubereitet»,
versichert meine Freundin Susanne, der ich dieses
wunderbare Rezept verdanke.

Mürbeteig:
125 g Butter
100 g Zucker
1 Prise Salz
1 mittelgroßes Ei
250 g Mehl
und Mehl zum Ausrollen des Teigs
Ofentemperatur 180° C

Die Zutaten für den Mürbeteig schnell zusammenkneten, zu einer Kugel formen und mit einer Folie bedeckt mindestens 2 Stunden kalt stellen. Für den Belag die Pflaumen halbieren und entsteinen. Für den Karamell die Chilischoten einschneiden und entkernen. Mürbeteig mit etwas Mehl zu einer Teigplatte ausrollen, die ca. 3 cm breiter ist als der Boden der Backform. Eine ofenfeste runde Form am Boden mit Backpapier auslegen. 150 g weißen Zucker in einem Häufchen in eine Pfanne geben und bei mittlerer Hitze schmelzen lassen. Erst anfangen zu rühren, wenn der Zucker am Rand zu schmelzen beginnt. Sobald die Masse verflüssigt ist und eine goldgelbe Farbe hat, die Butter und die Chilischoten zugeben und so lange rühren, bis Zucker

ca. 500 g reife Pflaumen (oder Aprikosen)
2 rote Chilischoten
150 g weißer Zucker
20 g Rohrzucker (oder ebenfalls weißer Zucker)
50 g Butter
2 Messerspitzen Chiliflocken oder Chilifäden

Brösel:
200g Butter
150g Semmelbrösel

und Butter sich verbunden haben. Die heiße Masse gleichmäßig auf dem Backpapier der Form verteilen, die Chilischoten wieder entfernen. Die halbierten Pflaumen mit der Schalenseite nach unten in die noch heiße Karamellmasse legen, die Chilifäden/-flocken und den Rohrzucker darüber streuen. Die Teigplatte über das Obst legen, die Teigränder fest andrücken. Den Teig mehrfach mit einer Gabel einstechen und die Tarte im vorgeheizten Ofen 40 Minuten backen. Sofort, bevor der Karamell erkaltet, sehr vorsichtig auf eine Platte stürzen und abkühlen lassen. Schlagsahne. *Danke Susanne!*

Crème brûlée – ein Höhepunkt der Kochkunst

Hierzu benutzen Sie am besten echte Crème-brûlée-Förmchen, die niedrig und breit sind, damit die Creme viel Oberfläche für die leckere Karamell-Kruste hat!

400 ml Sahne
200 ml Milch
90 g Zucker
4 Eigelb (die Eiweiße können Sie für die Pavlova auf Seite 145 benutzen)
1 Vanilleschote
Rohrzucker zum Bestreuen

Die Vanilleschote auskratzen, das Mark mit etwas Zucker in einem Mörser sorgfältig vermischen. Sahne, Milch, Vanillezucker und den restlichen Zucker miteinander mischen und den Zucker auflösen. Die Eigelbe dazugeben und kurz mit dem Stabmixer durchmixen. Die Mischung einige Stunden oder noch besser über Nacht kühl stehen lassen. Die Eiersahne nochmals gut durchmischen, damit sich die Vanille gut verteilt, aber Vorsicht: Die Flüssigkeit sollte nicht schäumen! Die Eiersahne in die Förmchen gießen und bei 150° C ca. 45 Minuten im Wasserbad backen lassen. Die Creme sollte jetzt fest sein. Die Creme erkalten lassen, kurz vor dem Servieren dünn mit braunem Rohrzucker bestreuen und unter sehr heißem Grill oder mit einem Bunsenbrenner karamellisieren lassen, bis die Creme eine schöne Bernsteinfarbe hat. Vorsicht: Sie brennt sehr schnell an! Sofort servieren!

Ein Tipp: Ausgekratzte Vanillestängel wegwerfen ist reine Verschwendung. Um sie noch zu nutzen: Zucker in ein Glas geben, Vanillestängel dazu, schütteln und einwirken lassen – und fertig ist der Vanillezucker.

Pudding

Pudding

Der Beweis des Puddings besteht darin, ihn zu essen.

(Miguel de Cervantes, Don Quixote)

Die Dessertpuddings kamen in England erst in der viktorianischen Epoche so richtig in Mode, was dort auch auf den Einfluss der deutschen Küche nach der Heirat von Königin Victoria mit ihrem geliebten Cousin Albert zurückgeführt wird. In den englischen Kochbüchern dieser Zeit finden wir mehrere Pudding-Rezepte mit deutschen Namen wie Kaiser Pudding, Kassel Pudding und auch Albert Pudding, nach Victorias Prinzgemahl. Schon König Georg I. aus Hannover hatte im englischen Volksmund den Spitznamen «Pudding-George», doch wird sein Einfluss auf die englische Küche als verhältnismäßig begrenzt eingeschätzt.

Kaiser-Pudding

Ein einfaches Originalrezept
aus dieser Zeit.

70 g Butter
70 g Mandeln
7 Eier
40 g Vanillezucker

Die Eier sorgfältig trennen. Die zimmerwarme Butter mit den geschälten und geriebenen Mandeln sowie die Eigelbe zu Schaum verrühren. Das Eiweiß zu Schnee schlagen und mit dem Vanillezucker mischen. Eine gebutterte und mit Mehl eingestäubte Form damit füllen und eine knappe Stunde im Wasserbad köcheln lassen. Schmeckt köstlich mit frischen Beeren oder einem Kompott!

Zitronenpudding

Der wunderbare Zitronenpudding von Rechtsanwalt Mummes Mutter.

6 Eier
6 EL Zucker
2 EL Weißwein
2 Biozitronen
4 Blätter weiße Gelatine

Die Eidotter werden mit Zucker in einer Glasschüssel schaumig gerührt. Dann wird der Saft von zwei Zitronen, die abgeriebene Schale von einer Zitrone, die in Wein aufgelöste und etwas abgekühlte Gelatine dazugegeben und gut verrührt. Die Schüssel kalt stellen, bis die Masse beginnt, etwas fest zu werden. Gegebenenfalls die Masse nochmals verrühren, wenn sich der Zitronensaft auf dem Boden der Schüssel absetzt. Schließlich den steifen Eischnee gut unterrühren und dann kaltstellen, um den Pudding ganz fest werden zu lassen.

Es war der oben genannte Prinz Albert von Sachsen-Coburg, Gemahl von Queen Victoria, der den schönen Brauch des geschmückten Weihnachtsbaums mit nach England brachte. Im Jahr 1841 wurde der erste Christbaum in Schloss Windsor aufgestellt. Nachdem *The Illustrated London News* den Tannenbaum mit der dazugehörenden Königsfamilie abgedruckt hatte, fanden die Briten Gefallen an diesem ausländischen Brauch und übernahmen ihn. Sie schmückten ihre Christbäume mit Kerzen, goldenen Äpfeln, Weihnachtskarten, schön bemaltem Marzipan und anderen Süßigkeiten wie zum Beispiel:

Baiser-Träume

Für 20 Stücke schönen Baumschmuck brauchen Sie:

3 Eiweiß
200 g Puderzucker
ein Schuss Zitronensaft
rote oder goldene Bänder
nach Belieben Streusel oder Perlen aus Zucker
Ofentemperatur 100° C

Die Eiweiße schaumig schlagen und den gesiebten Zucker nach und nach zugeben. Den Zitronensaft untermischen und weiterschlagen, bis der Eischnee richtig glänzt. Das Backblech mit Backpapier auslegen. Den Eischnee in einen Spritzbeutel füllen und beliebige Formen auf das Backpapier spritzen, zum Beispiel verzierte Ringe, Herzen oder Flügel. Achten Sie darauf, dass alle Baisers ein Loch haben, um das Band zu befestigen. Wenn Sie Lust haben, können Sie jetzt mit Streusel und Zuckerperlen die Leckerbissen schmücken. Die Träume nun 2 Stunden vorsichtig backen, sie dürfen nicht braun werden! Zur Sicherheit halten Sie die Backofentür mit Hilfe eines hölzernen Kochlöffelstiels ein bisschen offen. Die Träume abkühlen lassen und durch die Löcher ein Bändchen ziehen.

Süße Glanzbilder

Frohe Weihnachten!

2 Eiweiß
300 g Puderzucker
1 EL Zitronensaft
Backpapier, Faden und Glanzbilder

Mit einem Spritzbeutel spritzt man einen Rahmen aus der Puderzuckermasse auf das Backpapier. Um diesen aufhängen zu können, befestigt man eine Fadenschlaufe am oberen Teil, indem man ein Glanzbild vorsichtig an den noch feuchten Zuckerguss festdrückt. Lassen Sie sie über Nacht trocknen.

Ein kleines Marmeladenglas Lemoncurd à la Highgate

England – für viele der Inbegriff eines kulinarischen Katastrophengebiets. Ich finde, dass Lemoncurd im Prinzip alles entschuldigt!

Saft und abgeriebene Schale von einer Biozitrone
1 verquirltes Ei
25 g Butter
110 g Zucker

Alle Zutaten in einer Metallschüssel im Wasserbad vermischen. Die Masse mit einem Holzlöffel rühren, bis sie zähflüssig geworden ist und am Löffel kleben bleibt (ca. 10–15 Minuten). In ein ausgekochtes Gläschen umfüllen. Mit Scones und Tee um fünf genießen!

Der rästelhafteste Kuss aller Zeiten – das Baiser

Darüber, wer die erste Baisertorte «Pavlova» kreiert hat, streiten sich die Australier und die Neuseeländer mit großer Verve seit Jahrzehnten.

Beide Fraktionen führen immer neues Beweismaterial ins Feld: Rezeptveröffentlichungen in Zeitschriften und Kochbüchern, Erklärungen von respektablen Hotelinhabern und hochgelobten Köchen.

Fest steht, dass die Torte nach der elfenhaften russischen Primaballerina Anna Pavlova benannt wurde, die zwischen 1926 und 1935 immer wieder durch die beiden Länder tourte. Sicher ist aber auch, dass weder Australien noch Neuseeland das Baiser entdeckt hat, weil das Baiser lange vor ihnen entdeckt wurde.

Baiser – dieses federleichte Schaumgebäck! In alten deutschen Kochbüchern finden wir den Zuckerschaum unter mindestens drei verschiedenen Namen: «Meringue», «Spanischer Wind» und schließlich «Baiser». Baiser ist Französisch und bedeutet Kuss. Wenn Sie ein Baiser in einer französischen Konditorei bestellen, bekommen Sie, wenn Sie Glück haben, einen Kuss oder, wenn Sie Pech haben, – eine Ohrfeige.

In Frankreich ist ein Baiser nur ein Kuss und hat mit dem leichten Zuckergebäck, selbst wenn er auch wahnsinnig süß ist, nichts zu tun. Die Franzosen nennen das leichte Gebilde Meringue, vielleicht nach dem schönen kleinen Ort Meiringen im Schweizer Berner Oberland, wo der eingewanderte italienische Zuckerbäcker Gasparini diese lukullische Meisterleistung 1720 zum ersten Mal erfunden haben soll. Dass es so ist, davon sind zumindest die Meiringer fest überzeugt.

Andere nicht: In England finden wir deutlich ältere Rezepte, und zwar von zwei Damen: Lady Elinor Fettiplace, deren «White Bisket Bread» (1604) ohne Zweifel ein Baiserrezept ist, genau wie die «Pets» (1630) von Lady Rachel Fane.

Durch den Küchenchef König Ludwigs XIV. von Frankreich, François Massialot, wurden die Meringues zum Schlager. Massialots Kochbuch erschien in englischer Sprache 1706 in London. Die englische Königin soll die süße Verführung gekostet und ausgerufen haben: «Oh, that's like a kiss!» So wurde die Meringue auch unter dem Namen Baiser bekannt.

Zurück in die Schweiz: Als plötzlich diese wesentlich älteren Baiser-Rezepte auftauchten, wurde der Zuckerbäcker Gasparini wie mit einer Zeitmaschine plötzlich ins Jahr 1600 befördert. Dass es sich um eine falsche Datierung des Rezepts handelte, könnten die Schweizer beweisen – wenn es nur Beweise gäbe. Das Dokument, das diese Theorie belegen könnte, ein Originalrezept von Gasparini, war im Kochkunstmuseum in Frankfurt am Main zu sehen, welches aber im Zweiten Weltkrieg total vernichtet wurde. Auch die Archive in Meiringen wurden durch zwei Feuersbrünste zerstört – und die Beweise zu Asche. Übrig geblieben ist nur die Namensähnlichkeit mit der beliebten Leckerei.

Ob das erste Baiser, pardon, ich meine natürlich Meringue, in dem kleinen Ort im Berner Oberland kreiert wurde, beschäftigt die großen Geister der Patisseriegeschichte immer noch, und vor einigen Jahren wollte sich die Meringuefraktion behaupten und buk die größte Meringue aller Zeiten – in einer Sauna!

Diese Manifestation war zwar beeindruckend, aber der mythische Ursprung des Schaumgebäcks bleibt weiterhin verhüllt.

Meringenkopf

Pavlova

As light as Pavlova.
(Anonymer Gourmet)

4 Eiweiß
280 g Zucker
1 Päckchen Vanillezucker
1 TL Essig
1 TL Speisestärke
400 ml Schlagsahne
Früchte und Beeren nach Geschmack, ich nehme gerne Himbeeren und Mango

Ofentemperatur 180° C ohne Umluft!

Die Eier sehr sorgfältig trennen. Der Eischnee darf nicht das winzigste Restchen Eigelb enthalten! Die Eiweiße in einer absolut sauberen großen Schüssel langsam schlagen, bis sie beginnen, dick zu werden. Den Zucker langsam einrieseln lassen. Der Eischnee ist fertig, wenn er matt glänzt und sanfte Spitzen bildet, sobald man den Schneebesen herauszieht. Essig und Speisestärke vorsichtig unterheben. Die Baisermasse auf ein gefettetes Backblech geben und zu einem etwa 3 cm hohen Kreis formen. Die Oberfläche glatt streichen. Die Pavlova in den Ofen schieben und die Temperatur auf 100° C zurückschalten. Eine Stunde backen, anschließend die Ofentür öffnen und die Pavlova bei geöffneter Tür kühl werden lassen. Wichtig ist, dass die Baisermasse außen knusprig wird, aber hell bleibt und innen der Kern weich ist. Die Sahne steif schlagen und auf die Pavlova streichen. Mit schön geschnittenen Früchten und Beeren verzieren.

Eton Mess

Wenn die Pavlova zu trocken wird oder kaputt geht, können Sie immer noch ein Eton Mess machen! «Eton» ist die legendäre englische Eliteschule, und «mess» bedeutet Unordnung oder Durcheinander. Und genau so sieht auch diese Götterspeise aus. Diese von Schuljungs erfundene Nachspeise wurde jedes Jahr beim Picknick zum Cricket-Match gegen die Todfeinde aus Winchester genossen.

Ein kaputter Pavlovaboden (hier funktionieren auch gekaufte Baisers ausgezeichnet)
500 g Erdbeeren in kleinen Stücken (bewahren Sie ein paar ganze Erdbeeren auf, um den «mess» ein bisschen zu verschönern).
2 Päckchen Vanillezucker
300 ml Schlagsahne

Die Erdbeeren in einer Schüssel mit Vanillezucker bestreuen und 15 Minuten ziehen lassen. Die Sahne cremig schlagen. Die Baisers zerbröckeln und mit der Schlagsahne und den Erdbeeren vorsichtig mischen. Das Eton mess in einzelnen Gläsern anrichten und mit einer Erdbeere oder zwei verzieren.

Omelette Surprise

Warm und Kalt verbindet sich auf die lieblichste Art in dieser einfachen, aber sehr effektvollen Nachspeise. Wer der Erfinder dieser oralen Sensation ist, wissen wir nicht, aber wir wissen, dass im Jahr 1895 der Chef de Cuisine im Hôtel de Paris in Monte Carlo, Jean Giroux, den erstaunten Gästen diese subtile und gleichzeitig sehr reizvolle Kombination von Feuer und Eis vorsetzte und damit die gastronomische Welt entzückte.

Als mögliche Erfinder kommen drei Personen in Frage: ein amerikanischer Graf in Bayern, ein Franzose in New York und ein Chinese in Paris.

Fast hundert Jahre vor Giroux' Erfolg in Monte Carlo hatte der amerikanische Physiker Benjamin Thompson – der spätere Graf Rumford – festgestellt, dass geschlagenes Eiweiß ein sehr schlechter Wärmeleiter ist. Eine Entdeckung, die für unser Dessert natürlich ganz grundlegend ist.

Thompson floh während des Amerikanischen Unabhängigkeitskrieges nach Europa und trat in königlich-bayerische Dienste. Er erfand den Rumford-Herd und die Rumford-Suppe und führte jede Menge Suppenküchen ein. Er schuf Arbeitsplätze für das städtische Proletariat und gründete den Englischen Garten in München. Er war Spion, Offizier, Frauenheld, Kaufmann, Kriegsgewinnler, Wissenschaftler, Gründer der Royal Institutes in London und dazu ein großer Wohltäter der Menschheit. Ob dieser vielseitige Graf wirklich Zeit hatte, das gebackene Gefrorene zu erfinden, wissen wir leider nicht.

Wir wissen aber, dass die Amerikaner fest davon überzeugt sind, dass «Baked Alaska», wie sie diesen Nachtisch nennen, im New Yorker Edelrestaurant Delmonicos von dem Franzosen Charles Ranhofer erfunden wurde.

Der Küchenchef erfand diese Süßspeise 1867, um zu feiern, dass die US-Regierung den Russen Alaska (extrem günstig) abgekauft hatte. Dieser Ankauf hatte den größten Goldrausch aller Zeiten zur Folge – und eines der köstlichsten Eisdesserts, die wir kennen.

Aber: im Jahr 1866, also ein Jahr zuvor, befand sich eine Delegation von chinesischen Köchen in Paris, die von ihren französischen Kollegen zu einer Art Austausch eingeladen worden waren. Der Meisterkoch dieser kleinen Mission verblüffte die Pariser mit einem «Paradoxen Omelette, in dem Hitze und Kälte miteinander verbunden waren.» Die Füllung bestand aus feinstem Vanille- und Ingwereis, und die französischen Köche waren, wie der Schriftsteller und Gourmet Baron Brisse schrieb, begeistert, dankbar und sehr inspiriert. Vielleicht so inspiriert, dass einer von ihnen das Geheimrezept mit nach New York nahm und es als Baked Alaska lancierte ... oder vielleicht auch nicht.

Wahrscheinlich ist keiner dieser Personen allein der Erfinder, sondern der Zeitgeist selbst, der für eine wissenschaftliche und technisch avancierte Küche reif war, lange vor der Molekularküche eines Ferran Adria.

PS: Die Erfindung der Mikrowelle machte eine Umkehr der Idee des Omelette Surprise möglich. 1969 erfand der ungarische Physiker Nicholas Kurti das «Frozen Florida»: Eine Hülle aus gefrorenem Eischnee mit einem Kern aus heißem Likör.

Omelette Surprise

Probieren Sie es einfach vielleicht
am 1. Februar, dann feiern die Amerikaner
nämlich den Baked Alaska Day.

3–4 Scheiben Sandkuchen
1 l Vanilleeis
500 g Himbeeren
4 Eiweiße
100 g Zucker
½ TL Essig
½ TL Speisestärke
1 Schluck Cointreau
Ofentemperatur 230° C

Die Sandkuchenscheiben nebeneinander auf eine ofenfeste Platte mit niedrigem Rand legen, als Grundlage für den Speiseeisblock. Die Scheiben mit einem Schuss Likör tränken. Die Eiweiße steif schlagen, Zucker, Speisestärke und Essig vorsichtig zugeben. Das Eis auf das «Sandkuchenbett» legen und mit Himbeeren bedecken (einige als Dekoration aufbewahren). Jetzt die Herrlichkeit vollständig mit dem Eischnee bedecken und maximal 5 Minuten oben im Ofen backen. Mit den restlichen Beeren schmücken und sofort servieren! Voilà, quelle surprise!

Omelette Célestine

Die einfache Kunst,
süße Omeletts zu machen, ist fast in
Vergessenheit geraten.

Pro Person:
2 Eier
Aprikosenmarmelade
Zucker
Puderzucker
Butter zum Braten

Den Backofen auf 200° C vorheizen. Die Eier mit einer Gabel gut zerdrücken. Das Omelett in viel Butter vorsichtig und nicht zu lange braten, die Oberseite sollte noch glänzend und saftig sein! Auf einen Teller schieben und mit der erwärmten Marmelade rasch bestreichen. Zusammenklappen, mit Zucker bestäuben und ein paar Minuten oben in den Ofen stellen. Mit ein bisschen Puderzucker pudern und sofort servieren.

Graubünden - Berlin

«Hier wohnt Josty»

Wer kennt nicht das wunderschöne und legendäre Café Florian in Venedig? Oder vielleicht auch das St. Petersburger Café Chinois, wo Literaten und Künstler wie Dostojewski, Puschkin und Gogol sich zu angeregten Gesprächen trafen, begleitet von Kaffee und Kuchen. Oder das einst legendäre Berliner Café Josty, das im frühen 19. Jahrhundert als gemeinsames Wohnzimmer der Intellektuellen und der Jeunesse dorée diente.

Abgesehen von dem ausgezeichneten Sortiment an Marzipan, Schokolade, Konfekt, Kuchen, Limonaden, Likören, Eisspezialitäten und Kaffee und der großen Attraktion für Künstler, Schauspieler und Autoren hatten diese drei «Wallfahrtsorte des Süßen» noch etwas gemeinsam – sie sind alle von Graubündner Zuckerbäckern gegründet worden.

Die Geschichte der fleißigen Schweizer Konditoren, die ihre Berge verlassen mussten, um Arbeit zu finden, fängt in Venedig an. Im Jahr 1630 raffte die Pest ein Drittel der Bevölkerung in der Lagunenstadt dahin, und die Arbeitskräfte aus Graubünden waren deshalb sehr willkommen. Die Bündner organisierten sich in Zünften, buken ihre fantastischen Kuchen, eröffneten in rasantem Tempo Patisserien und – was entscheidend war – sie waren die Ersten, die das neue Modegetränk Kaffee ausschenkten – ein Triumph!

Im Lauf des 17. Jahrhunderts dominierten sie dieses Metier völlig, und von den 42 Konditoreien Venedigs waren nicht weniger als 39 in Bündner Besitz. Diese Erfolgsgeschichte nahm aber 1766 ein plötzliches Ende aufgrund eines politischen Handelsstreits. Die mittlerweile sehr etablierten Zuckerbäcker mussten umgehend die Republik verlassen, mit dem Ergebnis, dass sie ihr Netz über ganz Europa ausspannten, von Rom bis Helsinki, von Odessa bis London. Ständig kamen neue hoffnungsvolle junge Männer aus den Bergen dazu, um ihr Glück in der Ferne zu suchen – manche fanden es auch.

Einer von ihnen war ein gewisser Johann Josty aus Sils Maria. Er verließ seine Heimat schon als Zwölfjähriger, weil er irrtümlich eine Ziege erschlagen haben soll. Die Wanderung führte ihn in Richtung Berlin. Er kam 1785 dort an und eröffnete 1796 seinen ersten Konditorladen im Herzen der Stadt – Johann Josty & Co. Bald kamen weitere Filialen dazu, die berühmteste am Potsdamer Platz – das Café Josty.

Johanns Zuckerbäckereien galten sofort als die vornehmsten unter den Berliner Patisserien, und sogar als so fein, dass selbst die Hofgesellschaft bei ihm einkaufte. Andere prominente Stammgäste im Lauf der Jahre waren Theodor Fontane, die Brüder Grimm, Heinrich Heine und viele Jahrzehnte später Erich Kästner, der *Emil und die Detektive* an seinem Stammtisch schrieb.

Aber der berühmteste Gast von allen kam aus dem Ausland – Napoleon Bonaparte. Hier eine kleine Geschichte von Johanns Begegnung mit dem Kaiser:

An einem kalten Herbststag im Jahr 1806 marschierten die ausgehungerten Soldaten Napoleons, nach den Niederlagen der Preußen in Jena, in Berlin ein. Die Geschäfte machten wegen der hungrigen Franzosen alle blitzschnell zu, mit Ausnahme von – Johann Josty.

In grauer Jacke und schneeweißer Schürze stand er unbewaffnet vor seiner Konditorei mit einem Tablett voller Süßigkeiten und Feingebäck und einem Korb voller Champagnerflaschen. «Arrière vous bêtes ... seht ihr denn nicht unseren großen Kaiser, der auf sein Essen wartet?», rief er den Soldaten zu. Den Kaiser selbst aber begrüßte er mit den Worten: «Es lebe Napoleon der Erste!» Dieser befürchtete, vergiftet zu werden, und forderte den Konditor auf, zuerst selber von den Leckereien zu kosten. Johann Josty machte es sich bequem, probierte ein Stück Kuchen und öffnete eine erstklassige Flasche Champagner. Mit einem vollen Glas in der Hand grüßte er den großen Feldherrn: «Evviva grand Napoléon!» Der Kaiser ließ es sich gut schmecken und sagte: «Halt ein, ich bin so hungrig wie Sie!» Die Offiziere nahmen das Café ein, aßen und tranken – und zahlten dann ganz brav. Das war Johann Jostys Sieg über die kaiserliche Armee!

Die Linzer Torte

«Was sind aller Dichter
Worte gegen eine Linzer Torte!»
(Ernst Wildenbruch)

Das älteste überlieferte Rezept für eine Linzer Torte findet sich im Kochbuch der Gräfin Anna Margarita Sagramosa aus Verona und datiert von 1653. Die Torte ist eine Art Urtorte, eigentlich eine süße Schüsselpastete.

150 g Butter
150 g Mehl
2 TL Backpulver
150 g Puderzucker
100 geröstete gemahlene Haselnüsse
12 gehobelte Mandeln
1 Ei
1 Prise Zimt
geriebene Schale von einer halben Zitrone
300 g kalt Johannisbeermarmelade
Ofentemperatur 180° C

Butter und Zucker gut verkneten. Mehl und Backpulver vermischen, Nüsse, Ei, Zimt und Zitronenschale dazukneten. Den fertigen Teig zwei Stunden kalt ruhen lassen. Ein wenig Teig zurückbehalten, den Rest 1–2 cm dick ausrollen. Eine Tortenform damit bedecken und den Boden mit einer Gabel mehrmals einstechen. Die Torte mit der sehr kalten Marmelade, die man eventuell mit etwas Rum geschmeidig rührt, bestreichen. Den restlichen Teig zu Rollen formen und als Gitter und Rand auf die Marmelade auflegen. Mit Ei bestreichen, am Rand mit gehobelten Mandeln bestreuen. Backzeit 30–40 Minuten. Erst aus der Form nehmen, wenn die Linzer Torte ausgekühlt ist, denn die sandartige Torte ist sehr zerbrechlich, solange sie noch heiß ist!

Dreikönigskuchen

In der Schweiz wird das Dreikönigsfest seit dem Jahr 1311 gefeiert. Dabei wird immer eine Bohne in einem Hefekuchen versteckt, und wer sie findet, ist der König für einen Tag! Am 6. Januar feiern die Schweizer das Fest immer noch auf diese Weise, und so auch die Franzosen, die Engländer und die Spanier. Hier eine etwas elegantere Variante aus dem Elsass – ein «Dreikenigskuächa».

500 g Mehl
2 EL Zucker
3 EL Öl
1 Ei
½ Päckchen Hefe
1 Tasse Milch
1 Prise Salz
1 Bohne
Puderzucker zum Bestreuen
Ofentemperatur 200° C

Die Creme:
½ l Milch
50 g Zucker
1 Ei
1 EL Mehl

Das Mehl mit ein wenig Milch anrühren. Das Ei gut zerschlagen und zur Milch-Mehl-Mischung dazugeben. Den Rest der Milch erhitzen. Sobald sie zu kochen beginnt, die Zutaten sorgsam unter Rühren beimischen. Das Ganze einmal aufkochen lassen, vom Feuer nehmen und kühl stellen. Der Kuchen: Die Hefe in der Hälfte der lauwarmen Milch anrühren. In die Mitte des Mehls eine Grube graben und das Ei hineinschlagen. Zucker, Salz und Öl hinzufügen, vermengen und in die Hefe-Milch-Mischung einarbeiten. Den Teig kneten – er sollte sehr locker sein. Eine Springform mit hohem Rand ausfetten. Den Teig darauflegen und gehen lassen. Danach 25 Minuten backen und kalt werden lassen. Jetzt die Torte vorsichtig durchschneiden. Füllen Sie sie nun mit Creme und lassen Sie zum Schluss den Puderzucker darüber regnen. Königlich!

Altes Rezept

Mysteriös.
Man wird es nie kennen.
Gott offenbarte es nur seinem Propheten,
der nichts davon verraten hat.
Dieses Rezept wird daher allen anderen
Sterblichen unbekannt bleiben.

(Henri de Toulouse-Lautrec)

IMPRESSUM

Konzept:
Charlotte Birnbaum
Bilder:
Christa Näher
Gestaltung:
Harald Pridgar, Frankfurt/Main
Gesamtherstellung:
Plitt Printmanagement,
Oberhausen

Erschienen im
Verlag der Buchhandlung
Walther König, Köln
Ehrenstr. 4, 50672 Köln
Tel. +49 (0) 221 / 20 59 6-53,
Fax +49 (0) 221 / 20 59 6-60
verlag@buchhandlung-walther-koenig.de

Bibliografische Information
der Deutschen Nationalbibliothek
Die Deutsche Nationalbibliothek verzeichnet diese Publikation
in der Deutschen Nationalbibliografie;
detaillierte bibliografische Daten sind über
http://dnb.d-nb.de abrufbar.

Printed in Germany

Vertrieb:
Schweiz
Buch 2000
c/o AVA Verlagsauslieferungen AG
Centralweg 16
CH-8910 Affoltern a.A.
Tel. +41 (0) 44 762 42 00,
Fax +41 (0) 44 762 42 10
a.koll@ava.ch

ISBN 978-3-86560-909-0